有效话术

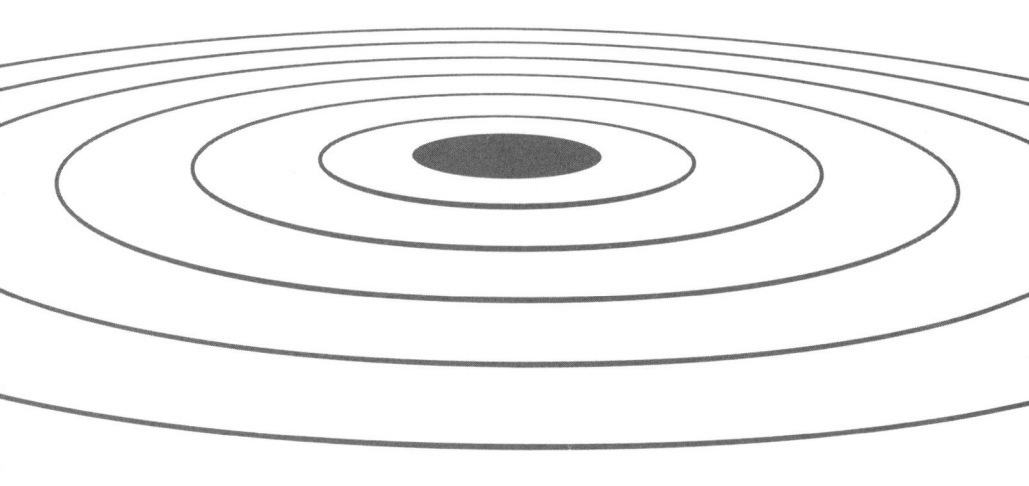

［日］蟇田吉昭 著
刘晓华 冀慧芳 译

中国友谊出版公司

图书在版编目（CIP）数据

有效话术 ／（日）蜚田吉昭著 ；刘晓华，冀慧芳译
. -- 北京 ：中国友谊出版公司，2023.4
ISBN 978-7-5057-5582-6

Ⅰ.①有… Ⅱ.①蜚… ②刘… ③冀… Ⅲ.①语言艺术 - 通俗读物 Ⅳ.①H019-49

中国版本图书馆CIP数据核字(2022)第219215号

著作权合同登记号 图字：01-2023-0557

HITO GA UGOKITAKUNARU KOTOBA WO TSUKATTE IMASUKA
Copyright © 2021 by YOSHIAKI HIKITA
Chinese translation rights in simplified characters arranged with DAIWA SHOBO Co., LTD.
through Copyright Agency of China, Beijing
本书中文简体版专有版权经由中华版权代理有限公司授予北京创美时代国际文化传播有限公司。

书名	有效话术
作者	[日] 蜚田吉昭
译者	刘晓华 冀慧芳
出版	中国友谊出版公司
发行	中国友谊出版公司
经销	新华书店
印刷	三河市龙大印装有限公司
规格	880×1230毫米 32开 9.5印张 172千字
版次	2023年4月第1版
印次	2023年4月第1次印刷
书号	ISBN 978-7-5057-5582-6
定价	45.00元
地址	北京市朝阳区西坝河南里17号楼
邮编	100028
电话	(010) 64678009

如发现图书质量问题，可联系调换。质量投诉电话：（010）59799930-601

前言
活用"打动人心的话语"

1962年9月12日,第35任美国总统约翰·肯尼迪在得克萨斯州休斯敦的莱斯大学,面向世界发表了演讲。

"将美国人送上月球这件事,将在20世纪60年代实现。"

许多人听到这句话都说不可能。但是,美国相关人员对此很重视并采取了行动。7年后,1969年7月20日,阿波罗11号于月球着陆。肯尼迪总统兑现了承诺。

为什么肯尼迪总统说的令人不敢相信的话却最终实现了呢?据说是因为其中的"在20世纪60年代"这个时间节点。因为这个时间节点,梦想不再只是梦想,而是变成了目标。仅仅因为肯尼迪总统的一句话,就深刻地改变了人类的历史,这真是不可思议。

以上表明，我们的话语中确实可以蕴含能打动人的力量。

可是大多数场合，我们讲话会出现语言表达力不够，逻辑性不强以及不了解对方的想法和价值观的情况。例如，"希望大家这么做""希望某个人这么做""我想这么做"等，这些话语似乎都不能真正激发出让自己和他人行动起来的力量。

特别是最近，"分割""揣度""抨击"等词语的频繁使用导致人们不敢表达自己真实的想法。这一现象使得语言的感召力也越来越弱。

我之前在博报堂（广告公司）从事印刷和制作广告的工作，也曾作为撰稿人为许多政治家和企业高层撰写过演讲稿。我还曾在以明治大学为首的多所大学做过讲座，在面向小学生的《朝日小学生报》上撰写过专栏文章。

我要思考如何让政治家的语言更具领导力和感召力，并鼓励小学生读书、学习语言，同时，通过网络、电视、收音机和举办讲座，为社会人士和大学生教授发挥"语言力量"的方法。

正是因为接触过不同年龄段、不同职业、不同地域和地区的人，我才能理解大多数人在说话方面的烦恼。写这本书旨在分享我个人对于此类烦恼的解决方式。

本书以书信的方式呈现。因为，我认为，相较于面向大众的文章，以只面向"您"一个人这种个人信件的方式更加深入人心，能让更多人深入了解自身在讲话方面的烦恼。

本书涉及的人物，其职业、年龄各不相同。我认为，为了与他人顺利地沟通交流，必须了解其他年龄段和从事其他职业人群的情况。

我理想中的人物形象是身为撰稿人兼大学老师的宗像洋一郎。他考虑问题深入且全面，能够温暖地包容他人。因此，我希望借助他的话语帮助大家解决讲话方面的烦恼，从而让更多的人在讲话和写作方面的能力有所提升。这也正是本书写作的目的。

如今世界进入了变革的时代，语言表达方式也发生着翻天覆地的变化。

在新冠疫情的影响下，远程工作模式很快就走进了我们的生活。因此，想要通过把握表情、动作和感受氛围传达想法也变得愈发困难，无意间说的话语可能会随着远程模式的改变被传播到世界各地并造成一定的影响。

如果因为害怕自己无意识说出的一句话引来人们的抨击，而采用婉转的表达方式，那么有可能无法向对方传达准确的信息。由此可见，现在人们非常重视语言表达，因为语言表达的作用很重要。正因如此，希望您可以像锻炼身体一样锻炼语言的运用能力，让自己的语言表达能力变得更强。于是，我抱着这样的想法写下了这本书。

那么，让我们用话语的力量一起改变世界吧。

蟇田吉昭

序言
为什么我要以信件的形式呈现此书

我叫宗像洋一郎，是一名演讲撰稿人。

我长年在广告公司从事文案撰写的工作，后来也为企业高层和政治家撰写演讲稿。

代替他人写演讲稿这件事其实还挺难的。

因为不能按照自己的喜好写，而必须理解对方想表达的内容、信守的准则、想表达却无法轻易说出口的想法。甚至还必须研究对方的口头语、说话节奏以及经常使用的措辞。所以，我工作的大部分时间都在做采访，不停地倾听对方的意见，然后进行整理。在采访的过程中，许多人会说些真心话或者泄气话，以表露出心底的烦恼和不安，而我也必须对此做出相应的回应。

因为我长期从事这样的工作,所以人们渐渐地聚集在我身边,希望我倾听他们的烦恼。随着社交软件和视频交流的普及,越来越多的人向我寻求帮助。不过与此相对的是,倾听他人烦恼的人相对减少了。

特别是自从我在大学任教以来,在校大学生和毕业五六年的年轻人经常来找我谈心。于是,我发现许多年轻人进入社会后都苦于和周围人交流,并深深地感受到自己的能力不足,从而丧失自信,变得暴躁易怒。

我通过和对方见面交流、利用网络通话等形式竭尽全力地帮助对方解决问题和烦恼,不过还是以个人信件的交流形式居多。因为通过亲自写文章来整理思绪更能意识到自身的烦恼是什么。

在前来咨询的人中,许多人有讲话和商业技巧方面的烦恼,例如,不知道怎么写策划书;自己写的文案无法促进销售;等等。还有人有心理和交流方面的烦恼,例如,虽然我不想树敌,但还是想坚持自己的意见;我和领导脾气不和,提出的意见立刻就被驳回;我的想法非常多,可就是无法用语言表达出来;等等。

上至 40 岁的中年人士,下至年轻学生,不同年龄和职业人群的烦恼也各不相同。他们的问题看似杂乱无章、无法总结,但每一个人其实都想通过提升自己的语言表达能力,对他人,甚至社会产生一定的影响力。

希望购买这本书的读者,一定要阅读和自己的年龄段、职业毫无关系的其他人的烦恼。或许本书内容与您的想法和价值观不同，不过阅读之后，也许您能受到一定的启发。

在信件中，我会以专栏的形式介绍学习方法和提升技巧的秘诀，请各位读者参考。

那么，让我们书中再会。

宗像洋一郎

写于东京　神田神保町工作室

目录 | CONTENTS

第 1 章 促使他人积极行动,成为"话语魔术师"的方法

- 步骤 1 **巧用拟声词聊天**   5
  【打动人心的寒暄方式】
  活用能激起干劲的词语 / 漫画是拟声词的宝库

- 步骤 2 **令对方想象"好处"和"后果"**   8
  【令对方在意的话术】
  令对方想象,感染其情绪 / 在纸上写下两个选项

- 步骤 3 **活用"但是"和"那么"**   11
  【一句话让一个人立刻行动】
  魔法话语 ① "但是,你得做" / 魔法话语 ② "那么,去做吧" / 双手合起,搓一下

第 2 章　改掉喋喋不休的说话方式

- 步骤 1　**说话之前插入 30 秒的宣传广告**　　　　　　**19**
  【让大家说话简明的方法】
  添加"节目宣传广告",更好地传达意思 / 仅有"先说重要的事情"这一条建议还不够

- 步骤 2　**双向交流**　　　　　　**22**
  【改变"说话啰唆"的方法】
  不让对方迷失的 3 个步骤 / 能不能清楚表达如何打领带

- 步骤 3　**将话语装订成一本"书"**　　　　　　**26**
  【简单至极的语言组织方式】
  说话过程中,加入"标题"和"目录"/ 以提问的形式添加"目录"/ 最后添加"主题"

第3章　做幻灯片宣讲的技巧

- 步骤1　**制作幻灯片　舍弃幻灯片**　　　　　　　　35
  【使用幻灯片宣讲时的讲述方式】
  假设没有播放幻灯片 / 发言→播放幻灯片→关闭幻灯片

- 步骤2　**试着省略不重要的话语**　　　　　　　　　38
  【效果绝佳的制作幻灯片方法】
  切换幻灯片的时机决定宣讲的质量 / 删减文字如同修剪盆栽

- 步骤3　**恰当利用和制作幻灯片**　　　　　　　　　41
  【分发资料上棋高一着的窍门】
  宣讲时的3种神器 / 在白纸上放飞思绪

专栏　宗像洋一郎的演讲稿写作术　　　　　　　　　　44

第4章　摆脱照本宣科式交涉的技巧

- 步骤1　**运用"确认话术"进行交涉**　　　　　　　53
  【讲话无趣的人，聊天起劲的人】
  "我先讲到这儿，谁有问题吗？" / 灵活提问，引起对方的兴趣

- 步骤2　**"我在认真地听"的反馈令对方安心**　　56
  【让对方讲话的窍门】
  记住对方说的话，然后鹦鹉学舌 / 所有答案都隐藏在对方的话语中

- 步骤 3　**确定高峰与终点**　　　　　　　　**59**

  【让对方最后同意的话术】

  专业人士也在运用的"峰终定律" / 何时、如何创造高峰 / 加深终点的印象

第 5 章　想法切实转换为语言的方法

- 步骤 1　**制作"随写笔记本"**　　　　　　　**67**

  【将"想法"转换为"语言"的练习方法】

  训练将"想法"转换成"文字" / 坚持写下去,"想法"将转换为"语言"

- 步骤 2　**将脑海中的语言"结构化"**　　　　　**70**

  【有效活用"想法"的秘诀】

  将"想法"分组,贴上标签 / "喜欢说话的人"及"擅长说话的人"

- 步骤 3　**万物皆可排名**　　　　　　　　　　**73**

  【扣人心弦的话语魅力】

  运用排名的手法扣人心弦 / "想法"转换为具体的"语言"

第6章 让人眼前一亮的策划案书写法

- 步骤1 **感受风向，阅读空气，洞察人心**   **81**
  【写出能顺利通过的策划案】
  培养观察流行趋势、现实情况、人心的能力

- 步骤2 **写出容易让人脑海浮现目标画面的标题**   **84**
  【标题改变结果的原因】
  取标题时想象在脑海中留下的深刻印象 / 升级版文案格式：动词＋宾语（短语）

- 步骤3 **将演示模板发挥到淋漓尽致**   **87**
  【演示内容的制作方法】
  故事共享图表的制作方法

> 专栏　宗像洋一郎的词汇量增加术   91

第7章 如何写出夺人眼球的文案

- 步骤1 **放下投机心**   **99**
  【令语言更有气势的技巧】
  急功近利只会降低文案的质量 / 如果推荐给亲近的人，您会怎么说

- 步骤2 **不断重复，一气呵成**   **103**
  【写出流畅句子的秘诀】

同一时间，发布同样长度的文章 / 写着写着灵光乍现

- 步骤 3　**吸收优质词语**　　　　　　　　　　　**106**
　　【提高语言能力的训练方法】
　　记下所有引起您共鸣的句子 / 记住所有街头用语

第 **8** 章　提升夸赞能力的三大秘诀

- 步骤 1　**一句话总结对方的优点**　　　　　　　**115**
　　【寻找赞美之词的方法】
　　之前一直没注意到，原来我…… / 赞美之词需要去"发现"

- 步骤 2　**阅读占卜书，吸收正能量**　　　　　　**118**
　　【增加赞美之词的诀窍】
　　看占卜书时阅读与自己毫无关联的内容 / 思想深刻，话语也深刻

- 步骤 3　**善用沉默突显赞扬重点**　　　　　　　**121**
　　【有效运用褒奖语言】
　　重视"沉默"这一赞美之词 / 不该过分夸奖之处也要赞美

第 **9** 章　提升个人话语影响力的技巧

- 步骤 1　**凝视一点，寻找话题素材**　　　　　　**129**
　　【话题素材的准备方式】
　　让自己融入风景 / 向正冈子规学习"凝视一点"观察法

- 步骤 2 **带着单反相机去旅行** 132
  【收集素材的方法】
  移动式锻炼语言能力 / 向松尾芭蕉学习"野外观察法"
- 步骤 3 **一行一评价** 136
  【名文、名句用作素材】
  将引文转换为自己的文字 / 写出独具一格的短评

专栏　宗像洋一郎的读书术　140

第 10 章　流畅讲话的捷径

- 步骤 1 **利用声音掌控场面** 149
  【摆脱沉默的秘诀】
  不停地说出自己的想法 / 通过寒暄改变与对方的关系
- 步骤 2 **改变处境：由"被评价的一方"变成"评价的一方"** 152
  【轻松在众人面前讲话的方法】
  在陌生人面前"换一张脸"/ 立场转换：从"如果别人这么评价我该怎么办"到主动评价
- 步骤 3 **多多使用连词** 155
  【流畅讲话的"句型"】
  说话时有意添加连词 / 运用丰富的连词串成一个故事

第 11 章　令对方心情愉悦的反驳法

- 步骤 1　**碰撞出思想的火花**　　　　　　　　　　　**163**
  【巧妙反驳的技巧】
  通过讨论协商，展开激烈争论 / 打破僵局的表达方法

- 步骤 2　**欲驳倒则不达**　　　　　　　　　　　　　**166**
  【不会被驳倒的技巧】
  战胜强大对手的四大诀窍 / 打乱说话节奏，关注内容本身

- 步骤 3　**大声呐喊"去学习"**　　　　　　　　　　　**169**
  【被反驳时的应对法】
  消除烦躁的方法 / 特意整理对方的意见

第 12 章　提升"说明力"，令众人认同

- 步骤 1　**运用数字和感情讲话**　　　　　　　　　　**177**
  【向不擅长理解数字的人说明数字的方法】
  数字具有说服所有人的力量 / 不同的人对数字的敏感度天差地别 / 请从语言角度而非数字角度思考 / 听起来有趣的表达方法

- 步骤 2　**在数字和情感的基础上增加信任**　　　　　**181**
  【让对方信任数据的技巧】
  准确说明数据的来源 / "大而易懂"是铁律

- 步骤 3　**尝试站在他人的立场**　　　　　　　　　　　　**184**
  【令对方认同的诀窍】
  站在价值观和价值观的交叉点上 / 坐在对方的椅子上思考

专栏　宗像洋一郎的线上活跃术　　　　　　　　　　　　187

第 13 章　既畅所欲言又不会树敌的三大奥义

- 步骤 1　**写肯定句，说肯定语**　　　　　　　　　　　　**195**
  【说话不被排斥的方法】
  同样的内容，不同的表达方法 / 心里只会留下对动词的印象
- 步骤 2　**不在文章中透露负面情绪**　　　　　　　　　　**198**
  【写出有正能量文章的方法】
  文章中的消极恶意 / 文章附加积极情绪
- 步骤 3　**自我约定与对方的接触方式**　　　　　　　　　**201**
  【无压力地与他人相处】
  只要宽恕就不会受伤 / 划清界限

第 14 章　冲破自我束缚果断拒绝的诀窍

- 步骤 1　**从小事做起，尝试展示不一样的自己**　　　　　**209**
  【如何拥有拒绝他人的勇气】
  人是一个多面体 / 活用"我不……"句式

- 步骤 2　**熟练运用拒绝的说话模式**　　　　　　**212**

  【一生受用的"拒绝表达法"】

  掌握"积积消积法则"/按"道歉—感谢—原因—代替方案"的顺序表达

- 步骤 3　**不要再逼迫自己**　　　　　　　　　　**215**

  【不再介怀小事的方法】

  人生不过如此，且行且珍惜 / 取悦身心的话语

第 **15** 章　不被他人讨厌的话术

- 步骤 1　**暴露弱点，收获勇气**　　　　　　　　**223**

  【不再被认为颐指气使的讲话方式】

  是否在自吹自擂 / 降低视线→暴露弱点

- 步骤 2　**说话前深思熟虑**　　　　　　　　　　**226**

  【说话刻薄之人的共同点】

  说话是否情绪化 / 等待 4 秒，换一个人

- 步骤 3　**添加委婉柔和的句尾**　　　　　　　　**229**

  【心平气和讲话的秘诀】

  讲话时主观臆断等同于苛刻 /"您刚才的话让我有些受伤"

专栏　宗像洋一郎的协商术　　　　　　　　　　　　　232

第16章　与下属相处的三大铁则

- 步骤1　**把伙伴意识放在一边**　　　　　　　　　　**239**
  【与员工的沟通之道】
  不必勉强使用年轻人的用语 / 切莫摆出一副领导姿态

- 步骤2　**抑制住试图打听的欲望**　　　　　　　　　**242**
  【让别人听进去的会议话术】
  好汉不提当年勇 / 自己的话语是赠予对方的礼物

- 步骤3　**令脑海浮现情景的话语**　　　　　　　　　**245**
  【说话招人喜欢的秘诀】
  学习"怪谈" / 代入情景和对话

第17章　有效激励，提高对方的自我认同感

- 步骤1　**改为提升自我价值感的搭话方式**　　　　　**253**
  【提高自我认同感的方法】
  "帮大忙了"事后起大作用 / 对方具体帮了什么忙

- 步骤2　**别说不爱听到的话**　　　　　　　　　　　**256**
  【不可说的激励话语】
  最糟糕的两种激励方式 / "有什么困难之处吗？"

- 步骤3　**告诉学生"我们是朋友"**　　　　　　　　　**259**
  【亲近学生的方法】
  我们不是朋友嘛，没什么好顾虑的 / 激励的对象是朋友

第 **18** 章　成为可靠领导者的三大秘诀

- 步骤 **1**　**让参会成员踊跃发言**　　　　　　　　　　　　**267**
  【整合分歧意见的方法】
  用自己的声音斥责自己 / "你刚才说的是……吧？"

- 步骤 **2**　**摸索所有人都认为"刚刚好"的答案**　　　　**270**
  【反对者应对法】
  不刻意区分正反，寻求解决方案

- 步骤 **3**　**成为具有决断力的领导**　　　　　　　　　　**273**
  【得出结论所需的能力】
  说话随便的人无法得出结论 / 领导者应有的姿态

结语　　　　　　　　　　　　　　　　　　　　　　　　**276**

第 1 章

促使他人积极行动,成为『话语魔术师』的方法

● 咨询者——**黑野诗织（31 岁）**

黑野女士在一家线上教育直播公司上班。她刚进入公司的时候，公司规模不大，但随着学校实施线上授课，公司的规模很快就扩大到近 200 人。

黑野女士的工作是发展线上授课老师并与其进行对接。如今，她管理着两名员工。但是，员工们却从不按照她的意愿工作。

"这两个人每次都是含含糊糊地回答问题，只做被交代的工作，从来不主动地工作。刚开始我认为是这两个人的工作动力不足，可是仔细想来，我每次和授课老师们对接，他们也都不乐意而且行动消极。是我的说话方式不容易被接受吗？"

黑野女士希望能够通过改变说话方式让员工们服从命令，于是给宗像先生发了一封邮件，以期掌握相关说话秘诀。

步骤 1 巧用拟声词聊天

【打动人心的寒暄方式】

诗织女士，感谢您的来信。目前线上教育办得如火如荼啊！我有时也被邀请去做讲师，但如果不能吸引顾客，就不会再次被邀请了。真是不容易呀！

那么，我先来说说"打动人心的寒暄方式"。的确，人们在寒暄的时候，对方或是快速回应，或是毫无反应。

活用能激起干劲的词语

先说说我小时候的经历。

那时我还是个小学生，大扫除负责擦窗户的玻璃。我一点干劲都没有，只是敷衍地用抹布轻轻擦着玻璃。

这时，新来的漂亮老师对我说："宗像，要用劲擦，力气大到在我这里都能听到'咯吱咯吱'的声音。"边说还边把手放在耳朵上做出听声音的姿势。

我突然有了干劲，使劲擦起了玻璃。老师重重地点了点头，边笑边说："能听见，能听见"。

这是我人生第一次因他人的话语而受到了鼓舞。就像是被施了魔法似的，突然产生了干劲。这是为什么呢？

我认为是"咯吱咯吱"这个拟声词发挥了作用，因为这个拟声词包含了"用劲擦""使劲擦"的意思。而且，被告知者还知道该用多大的力气达到此标准，从而能够直接采取行动。

有很多小学的老师都是"拟声词的魔法师"。

"写字时，铅笔发出'唰唰'的声音，是你用心学习的表现啊。"

"把自己想象成班级第一，'唰'地一下站起来试试。"

说话时加上拟声词，就能让你的目标更加具体化、形象化，从而更容易让对方理解并产生动力。

漫画是拟声词的宝库

举个例子，诗织女士的团队这周五之前要寻找线上教育的讲师。你们希望找什么样的老师呢？通常应该会找充满爱心又有耐心、擅长与学生沟通且充满活力的老师。那么与学生沟通的技巧中就包括常用拟声词交流，显得更加亲切。

只不过对于"能够吸引顾客的有才能的老师"这件事情，大家的理解程度可能不一样。

语言表达有时应该富有感性且能打动人心，而不应该仅仅依靠理性。

漫画最合适用来学习拟声词的使用。试着使用拟声词完成日常会话吧。

"周五之前没有时间，所以让我们'嗖嗖'地完成这项任务吧。"

"如果找到了好老师，要'哗'的一下紧紧把握住，不要错过了呀。"

"要是有'啪啪'打人的老师，立即告诉我。"

日本人使用拟声词较多，他们甚至可以使用拟声词来形容头痛，巧妙地传达头痛的程度。

虽然用拟声词讲话听起来像小孩儿在说话，但确实能给人一种亲切感。如今有很多人看漫画，可以多学习使用拟声词。

步骤 2 令对方想象"好处"和"后果"

【令对方在意的话术】

诗织女士，我理解您在信中提到的："有人说，一旦开始使用拟声词，人就会变。"原本知性的诗织女士变得有点卡通可爱，身边的人也会大吃一惊吧？但是，这不也挺好的嘛。要想让对方做出回应，首先自己要先做出改变。

那么，今天探讨的主题是"令对方在意的话术"。

令对方想象，感染其情绪

这个出乎意料地简单，就是"令对方想象快速行动时的好处"和"令对方想象毫无行动时的后果"。首先，我们先来解读"好处"。

我从事广告行业多年。仔细想来广告就是要令人产生美好的想象，例如，如果买了这个，生活该有多便利；学了这个，或许会有许多可能性；如果相信了这家公司，或许会有不一样的未来……由此可见，广告能够点燃消费者对未来的期望，令人们萌生出"变成这样就好啦"的想法，从而促使人们积极行动起来。

有一个词叫"预祝"，即"提前庆祝"。例如，如果想赢得竞争激烈的演讲比赛，可以提前想象自己已经取得压倒性的胜利，并去庆祝，以提前感受成功。

如此一来，您就会产生已真正取得胜利的感受。与其说是预想，不如说是以胜利为前提去庆祝。

我喜欢不管做任何事都能想象已取得成功这种积极的思考方式。

可事实上，世上大多数人对"光明的未来"持有怀疑的态度。也有人认为，倒不如想象一下如果不付诸行动，等待自己的是多么恐怖的后果，这更容易激励自己行动。

东日本大地震的时候，我和一位行政官员共事。他在报告纸上写了许多"最坏的打算"。他说："我们不需要什么乐观积极的想法，要尽量设想出最坏的状况，然后考虑如何回避并落实到行动上，这才是政府部门的工作。"

实际上，多亏他做了最坏的打算，才避免了最糟糕的状况。为了避免"如果变成了这样才是最棘手的情况"而采取行动，也是促使人们行动的一种方式。

在纸上写下两个选项

人的性格各不相同,因此想象"好处"和"后果"这一方法所产生的效果也不尽相同。如果用法错误,就会适得其反。

诗织女士既然想促使他人行动,首先要设想两种情况,并根据实际情况灵活运用想象"好处"和"后果"这一方法,以把握工作的整体进度。

一定要写在纸上,而不能只在脑海里想象。

可以的话,写"好处"时使用喜欢的颜色,而写"后果"时使用不喜欢的颜色。顺便一提,我一般用淡蓝色写"好处",而用深灰色写"后果"。

不要只写一次,最好在合适的时机进行修改。因为随着时间的流逝,"好处"和"后果"也会相应发生变化,所以我建议多思考以便了解变化并及时改进。

"如果完成了这个,前方就有……的好处""如果这个时候不完成,就会有……的后果"。因此,要明确这两种情况,并根据对方的性格采取相应的策略。请一定要试试。

步骤 3 活用"但是"和"那么"

―――――【一句话让一个人立刻行动】―――――

诗织女士,感谢您在来信中提出对于"好处"和"后果"的感想:"相较于'好处',与'后果'有关的倒是能联想到不少"。确实,人们想象残酷的后果比想象好处更能发挥出无穷的想象力。就连芥川龙之介,也一个劲儿地描写"后果"。

那么,今天的问题是"如何促使总找理由不做事的人去行动"。现实中,确实有这样的人存在。这种人总会把不做事的理由一一列举出来。那么人们就会情不自禁地吐槽,既然这么有激情又聪明,为什么不赶紧行动起来把事情做好了。

不能列举"应该做的理由"去对付这种人。因为一旦自己说了"应该做的理由",对方就又会列举出"做不到的理由"。他们这种人生来如此。

其实生活中有很多人为了偷懒，都刻意回避所有的麻烦事。

魔法话语①"但是，你得做"

那么，我们如何让这种人老老实实地行动呢？

其实，无须多费口舌。在对方解释完不做的理由之后，说"但是……"，然后等一会儿。此时，对方也许已经准备好之后的说辞了。因此和这种人斗争需要的是沉默片刻。等我们说完"但是"之后，对方就会陷入轻微恐慌的状态，心想："什么？你会说什么来反驳我？"然后，我们只需饱含深情地说一句"你得做"。这种转折词"但是"后面接"你得做"的强调句，就会把双方之前所有的谈话内容全部推翻，让对方哑口无言。

面对"你得做"这句强硬的话语，无论对方狡辩多少个"不做的理由"，听起来都只是借口。

魔法话语②"那么，去做吧"

还有一个感叹词是"那么"。

"那么，去做吧"，一句让人付诸行动的话语，就像接待员引导着我们"往这边走吧"一样。

"那么，开始吧""那么，到这儿就结束吧"等类似的话语将人引入一个新的情境。

"那么，放手去做吧""那么，咱们早点完成吧"等类似这样的话语能够表明说话者的态度和决心。

简短的一句话却能巧妙地扭转局面。

以上语句对于喜欢找借口的人们，是非常有效的。

还有一个手势也效果显著，详见后文。

双手合起，搓一下

搓手时间不能太长，搓一下就够了。若是面带微笑地做这个手势，既不会打击对方的积极性，也能顺利帮助切换情境。

如果观看美国总统选举或者TED演讲，我们经常可以看到以下画面：演讲者先搓一下手，然后说"那么，我们进入下一个话题"。巧妙地引导着听众。

沟通交流不能一味追求长篇大论。如果对方想把我们排除在谈论之外，或者想把我们拉入讨论中，我们也可以选择拒绝。

重要的不是争辩，而是促使对方行动。

即使对方认为"不行"，无法跟他交流下去，但只要事后对方按照自己的意愿行动，那么交流就是成功的。

对方也许会通过行动改变想法，重新认识诗织女士。

因此，我们可以巧妙地在会话中添加"但是，你得做""那么，去做吧"等类似语句。

第2章 改掉喋喋不休的说话方式

咨询者——辻村佑贵（26岁）

有人指出辻村先生"说话啰唆"。因为辻村先生在广播电台做主持人，本来就喜欢讲话。然而，单纯的"说话"和工作中的"讲话"并不是同一种概念。大家都觉得辻村先生说话"喋喋不休"，所以给他起了个外号——喋喋。

辻村先生解释说："有些事情我很明白，但是不清楚对方是否也明白，所以总是不放心，就会啰唆地来回解释。"

辻村先生似乎不仅啰唆，还经常说跑题。即使大脑意识到自己说跑题了，但只要一张口说话，还是会跑题。

他希望自己说话时能言简意赅，通俗易懂。不过，喋喋不休是人的天性，是否真的能够改掉尚未可知。况且，人还有害怕改变的一面。

于是，辻村先生给宗像先生发邮件，请宗像先生教给他如何改掉"喋喋不休"的说话方式并养成简洁明了讲话的习惯。

 # 说话之前插入 30 秒的宣传广告

———————【 让大家说话简明的方法 】———————

佑贵先生，感谢您的来信。在众多不擅长说话的烦恼中，"因为说得太多而苦恼"可谓是奢侈的烦恼。

不过，我非常能理解您的烦恼。我也因自己话多而苦恼过。领导也总是训斥我"说得太多，速度太快，内容太冗长"。所以我将根据自己的经验，教给您"说得再多也能被对方接受和理解的方法"。

添加"节目宣传广告"，更好地传达意思

佑贵先生应该知道电视上的"节目宣传广告"吧。30 秒的宣传广告便能够展示出节目的趣味性。YouTube 的许多博主也把视

频的精华放在开头，以达到宣传的效果。

我想告诉您的就是这个。希望您能在说话之前插入30秒的"宣传广告"。

30秒的时间如果落实到字数，大概100个字。我来举个例子。

"实际上，我现在很纠结要不要和男朋友分手。我们交往了三年，感觉两个人越来越没有默契了。有见，你也了解他吧。你怎么看待我们两个人的关系呢？是分开更好呢，还是维持现状更好呢？希望你能给我一点建议。"

有见女士的朋友拜托她的事情一目了然。因为她从一开始就提到"很纠结要不要和男朋友分手"。再举一个例子。

"今天要拜托您的是：非常抱歉！是修改原稿。我们和领导多次商讨后，认为《过往的趣闻逸事》这一稿件的内容过于冗长。前田先生能否修改一下文章？如果可以修改，您将如何修改？请您与我联系。"

上述的例子也大约100字。首先描述了"修改原稿的请求"——事先宣告了接下来的"内容"，然后说了修改的原因，所有细节表达得清清楚楚。

仅有"先说重要的事情"这一条建议还不够

许多指导"说话诀窍"的书上都写着"先说重要的事情"。但是，这只适用于宣讲或者视频等单方面讲话的情况，不适用于日常面对面商议或者聊天的场合。因为大多数情况下，大家都无法即刻决定出想表达的内容。

因此，希望您先养成 30 秒左右想出"先沿着这个方向讲话"的习惯。

佑贵先生并非不擅长说话，反而您还很温柔耐心，为了让对方更好地理解，不停地来回重复。可是这份温柔却有一个劲敌，那就是话说得太多，无法让对方清楚您真正想表达的主题。若要追求更好的表达效果，在谈话过程中，插入"一会儿我想商量一下这件事情""我待会儿要说这些事"等提示语句，才更容易让对方理解。

就像我开头说的，喜欢说话、擅长说话都是优点。接下来，只需在大量会话过程中，添加"我将沿着这个方向讲话"等类似的提示语句。

请试试吧，这样一来，您喋喋不休的习惯就会慢慢改掉。

步骤 2 双向交流

――――――【 改变"说话啰唆"的方法 】――――――

佑贵先生,感谢您的邮件。邮件中写道:"我有意识地在说话前插入了提示语句,也测了测时间,原以为只有 30 秒,实际上已经超过了 3 分钟。"这是常有的事。

我们身边经常会发生这样的事:要求做 1 分钟的自我介绍,可是有人却说了将近 4 分钟。结束之后问对方:"你觉得自己讲了多长时间?"对方会不好意思地挠挠头说:"大概讲了 2 分钟吧。"这时如果告诉对方其实讲了将近 4 分钟,大多数情况下对方都会感到震惊。因为旁观者清,当局者迷。

那么,这次的问题是"该如何改掉说话啰唆的坏习惯",下面我来谈一谈我的意见。

不让对方迷失的 3 个步骤

如果说话时只想着"这样说明无法让对方理解吧""这方面多说点应该更有利于理解吧",那么表达会重复烦琐或是偏离主题。虽然是出于好心才反复解释的,但却会造成更加混乱的结果。爱操心的人、对解释没有自信的人更容易出现这种情况。

其实克服的方法并不难。

① 观众互动

"观众互动"是一种不只由发言者一个人完成,而是通过和观众互动完成整个表演的技巧。一个人单方面地思考,就可能会陷入凌乱混沌的状态,从而导致说话断断续续。

"大家觉得如何?""您有相似的经历吗?"试着把麦克风对向听众。在此之前,听众以为自己只是单纯地听,没想到自己也要讲话,就会变得异常紧张。

如果对方没有听明白,回答的内容一定颠三倒四。听了对方的回答后,自己便也明白表达的不足之处和混乱之处。

② 询问对方有没有听懂

即使自己认为"对方这里可能没听懂",但是对方的理解能力尚未可知。对方或许轻轻松松地就理解了,也或许一点儿都没听明白。胡乱猜测毫无意义。因为只有对方才清楚自己到底有没有听明白。

所以表达过程中试着频繁地询问对方："我说得清楚吗？"或者"之前说的有不明白的地方吗？"

③ 如果对方回答"没问题"就继续说

如果对方说"这个地方我不太明白"，那么对此做出回答。

自己无须胡乱推测而过多地添加话语，只需要询问对方哪里不明白，然后做出回答即可。若能做到这一点，便不会说多余的话。

能不能清楚表达如何打领带

话不是讲给自己听的，而是表达给对方的。

重要的不是自己的表达方式，而是自己的表达方式对方能否接受。所以我们应一边向对方确认，一边在双向交流中促进对话。

刚进广告公司的时候，前辈对我提出一个要求："以文章的形式告诉我如何打领带。"

"大剑部分留长一点，覆盖在小剑上。"可是这样无法完整地表达出打领结的方式。为此，我还写了许多，例如："首先，把领带绕在颈部。然后，把乌贼头形状的一侧领带绕到右手边……"但始终无法完整地用文字表达出来。

这时，前辈告诉我："最终目的是向对方传达要表达的内容。

因此，与其一个人埋头苦思，不如一边询问对方哪里不明白，一边进行完善，这才是写好文章的捷径。"

至今，我还时常回想起这句话。

不论是说话还是写文章，其最终目的都是向他人传达要表述的中心思想。倘若佑贵先生能清晰地认识到这一点，便能更好地进行表达。对话时，一边与对方交流，一边表达自己的想法。请务必试一试这个方法。

步骤3 将话语装订成一本"书"

―――――【简单至极的语言组织方式】―――――

佑贵先生，感谢您的邮件。邮件中提到："我询问对方是否理解了讲话的内容。"看来您已经尝试那个方法了。"对方没能理解的内容是我未曾预想到的""所有人都理解了，我的担心是多余的"等感想非常有意义。像这样，逐步验证自己的讲话方式是否有效，就是成为口才高手的秘诀。

那么，这次的问题是"如何组织语言"。您之前说话一直随心所欲，任由自己想到什么就说什么。可是您如今在思考"如何组织语言"，我感到非常高兴。

说话过程中，加入"标题"和"目录"

虽然说是"组织语言"，但不要认为语言是逻辑缜密且死板的。因为这么做，很容易扼杀像佑贵先生一样喜欢讲话的人的个性。

我们应该思考的是，略微调整如今的说话方式以让他人更容易理解的方法。

所以，今天推荐的方法是，将话语装订成一本"书"，加入标题和目录。

快速准确阅读大量书籍的诀窍是"仔细阅读目录页"。

翻开目录，书中大致的内容框架就一目了然。自己最感兴趣的是第几章，最后大概会得出什么样的结论……记住目录后再去读书，读书时便会有"啊，和我猜想的一样""和预想的完全不同"等想法。

为了让对方理解，可在说话过程中添加"目录"作为引导，例如，"接下来，我将介绍通俗易懂的说话技巧"。

只要添加了"目录"，听众就清楚接下来将会听到什么，从而认真地倾听。

以提问的形式添加"目录"

在说话中添加"目录"的方式也有诀窍，即以提问的形式添加目录。

"接下来，我将介绍通俗易懂的说话技巧。"相比之下，"怎样才能掌握通俗易懂的说话方式呢？有没有什么诀窍呢？我来谈一谈。"这种提问的方式更容易让对方理解。

因为以提问形式呈现的话语是站在对方的立场上考虑的。把听众心中所想，如"好想知道怎么做才能掌握通俗易懂的说话方式"直接表达了出来。

善于表达的人在谈话中会加入很多"提问式""疑问式"的发言，让对方也参与进来。中田敦彦是"YouTube 大学"频道的博主，他的演讲就会极其巧妙地运用提问式发言，以代入观众们的心情，并怀着这种心情倾听对方的话语。

最后添加"主题"

还有一个诀窍是添加"主题"。主题不应该在谈话开始时表明，而应该在谈话结束时才表明。因为这样才更容易让人印象深刻。

前几天，一个 29 岁的毕业生来找我谈话。她刚换工作，和我谈了许多，例如跳槽后的焦虑不安和恋情的来龙去脉。但是，她最后说了一句"非常感谢您倾听我的心声和恋爱故事"。

这便是"主题"。

用简短的一句话概括之前表达的所有内容，对方就会恍然大悟："啊，对了，她说了自己的心声和恋爱故事。"让人印象深刻。

佑贵先生经常因为说得太多而导致对方不明白表达的主旨,想必这个方法对您很有用,请一定要试试。

第3章 做幻灯片宣讲的技巧

嗯,有什么好处……
第一点……

● 咨询者——**大山悠（32 岁）**

大山先生在一家文具制造公司从事开发文具的工作。他从孩童时期就格外喜欢文具，曾经的梦想是让自己设计的笔记本和笔问世。

今年春天他如愿以偿地进入了商品开发部。每天思考理念，绘制设计，整理宣讲用的资料。而问题就出在这儿。大山先生不擅长做宣讲，特别是不擅长在许多人面前借助 PPT 做宣讲。

他必须先解释幻灯片的内容，再面朝大家讲话，再看幻灯片……一直重复这样的动作，讲话也变得语无伦次。无法在演示幻灯片和讲话之间顺利进行切换和衔接。

最近，线上宣讲的形式逐渐增多。由于看不到观众的表情，大山先生只能生硬地念幻灯片上的内容。领导训斥大山先生说："如果你只会读 PPT 的话，那就别浪费我们的时间。"这让他备受打击，说话变得更加语无伦次。因此，大山先生怀着"想做有存在感的宣讲"的想法联系了宗像先生。

步骤 1 制作幻灯片 舍弃幻灯片

——————【使用幻灯片宣讲时的讲述方式】——————

　　大山先生,祝贺您能从事梦寐以求的商品开发工作。我很想用一用大山先生设计的笔记本。

　　不过,在此之前我们要先解决"不知道如何使用幻灯片进行宣讲"这一苦恼。一方面,宣讲的同时兼顾播放幻灯片,通常会影响宣讲者的思路,讲述变得杂乱无章。另一方面,许多指导宣讲技巧的书上写着"宣讲用的幻灯片的文字要少",但为了详细地说明,幻灯片上的文字也会烦琐冗长。看来兼顾两者确实很困难啊。

假设没有播放幻灯片

　　以下是我的经验之谈:有一次报告会上,我准备上场之前电脑突然出了故障，无法播放幻灯片。

那天大概有 300 名听众到场，不可能让他们干坐着等电脑修好。那时，我决定舍弃幻灯片发表演讲。

没有幻灯片就不清楚报告内容的走向。我怀着这样惴惴不安的心情开始了演讲，没想到全程相当顺利，完美收官。

有的人在宣讲时过于依赖幻灯片，"接下来要说的内容"也依赖于幻灯片的播放。可是，如果没有幻灯片，就必须一边讲话一边思考接下来要说的内容。这份紧张感其实大有裨益，能让听众满载而归，我也觉得收获良多。

大山先生，以下是我的建议：制作完幻灯片后，在假设没有幻灯片投影的前提下演练宣讲。

如果没有幻灯片，就无法展示详细的数据表，而只能依靠自己说出最重要的数字。

因为没有幻灯片，也无法直接展示图片。为了让图片清晰地浮现在听众的脑海里，就必须绘声绘色、面面俱到地描述。

因此，没有幻灯片投影，你更能抓住要点，全面具体地说明细节。

制作幻灯片，然后舍弃幻灯片。为了做到没有幻灯片也能顺利宣讲，请事先反复练习。如果能做到这一点，就不会在宣讲过程中枯燥生硬地念幻灯片了。

一定要事先演练，而且至少演练 3 次。

发言→播放幻灯片→关闭幻灯片

几年前,苹果公司的 CEO 史蒂夫·乔布斯的宣讲方式被人们广泛研究。他的宣讲方式是:以幻灯片为背景,一边走动一边讲话,且句子言简意赅,画面让人记忆犹新。其中,令人印象深刻的是幻灯片的使用方式。他一旦开始讲话就会关掉幻灯片。屏幕只映现乔布斯的身影。我在线上宣讲的时候经常使用这个方法,即话题告一段落后,结束共享幻灯片,露出我的脸,而不是只展示幻灯片资料。

连续不断地播放幻灯片和在关键时刻露脸,其传达方式截然不同。

因为宣讲的中心始终是"我",宣讲过程中多次露脸能让整个宣讲过程显得更具主体性。

大山一直苦恼如何更巧妙地结合自身讲述和播放幻灯片,解决方法是:不停地练习直到没有幻灯片也能顺利宣讲。那时,宣讲时的气魄会与从前大相径庭。请务必试一试。

 # 试着省略不重要的话语

――――――【效果绝佳的制作幻灯片方法】――――――

　　大山先生在来信中提到，您立刻尝试了"制作幻灯片之后，舍弃幻灯片练习宣讲"这个方法。多练习几遍，脑海中会浮现出需要修改的要点。您还提到："自己的表达比幻灯片上的文字更通俗易懂。"为了做到游刃有余地讲述，现在试着改变吧。
　　那么，这次的问题是"如何有效地制作和展示幻灯片"。

切换幻灯片的时机决定宣讲的质量

　　20世纪90年代，人们刚刚学会使用幻灯片宣讲，那时只是在屏幕上投影会议上分发的资料，而宣讲人不过是手边资料的解说员。其后一段时间，动画效果及背景样式繁多的幻灯片屡见不

鲜。而如今人们大都采用一张幻灯片只放一张图片和一条信息的模式。

可是，随着幻灯片制作的简洁化，为了弥补效果不足，需要宣讲人具备一定的能力。其中，最重要的是切换下一张幻灯片的时机。可以说，切换幻灯片的时机决定着宣讲的质量。

宣讲人的发言方式必须让听众产生期待："下面会怎么样？"

答案就在下一张幻灯片。

为了传递想法而行动时，先在心里默念一句"让您久等了"，停顿片刻后继续播放幻灯片。

先卖个关子再展示下一张幻灯片。如此一来，您可以在这段间隔里调整并放慢发言的节奏。

删减文字如同修剪盆栽

尽管人们常说"幻灯片的文字越少越好"，却难以真正掌握其中的诀窍。

我希望您有意识地怀着"或许无须修改，但也要尝试缩短为通顺的话语"的想法重新浏览一遍写好的文章。就如同观赏盆栽然后修剪掉多余的枝叶一样。

以"关于本设施应引入的节约能源和可再生能源的意见"一句话为例。

首先，省略句子开头的"关于"一词后句子也说得通，所以删掉。其次，发言主题是"本设施"，省略掉听众也能理解，所以这个也可以删掉。

因此，缩短后的句子为"应引入的节约能源和可再生能源的意见"。再次思考，发言人想表达的是"节约能源、可再生能源"，所以可以把这句话放在开头，于是句子简化为"节约能源、可再生能源的引入方案"。"意见"改为"方案"才会让听众产生有具体想法和实施计划的印象。至于其他不充分之处，只需口头描述补充就够了。

删减幻灯片上的文字就像修剪盆栽的枝叶。只要有意识地去做，总能掌握其要领。

宣讲人才是宣讲的主人公。我们要意识到幻灯片的作用不过是加快进度和促进听众理解，因此我们完全可以删减掉多余的文字。

宣讲过程中，适时地切换罗列着精练关键句的幻灯片——这便是您需要掌握的幻灯片宣讲方式。

步骤3 恰当利用和制作幻灯片

――――――――【分发资料上棋高一着的窍门】――――――――

大山先生,您尝试过"像修剪盆栽一样删减文字"的方法了吧。宣讲内容是否变得简洁明了了呢?

那么,这次的问题是"如何在宣讲用的分发材料上棋高一着"。

宣讲时的3种神器

我看过许多场宣讲,有些宣讲也不禁让我感叹无懈可击。有一次我在一个大型竞争比赛中担任评委,一家公司提出了一个方案,竟然准备了以下3种不同的资料。

①宣讲用的幻灯片(不分发)

② 宣讲流程、项目进度（宣讲前分发）

③ 详细资料（宣讲后分发）

评委手里的宣讲流程资料上面标注了各章的标题和关键词，并且十分贴心地留出了做笔记的空隙。

评委边看流程资料边听宣讲，就可以清楚地看到现在讲到了哪个部分，自己也会记下比较关键的内容，从而也会留下深刻的印象。

最后他们为评委分发了写在幻灯片中的概念及数据等详细资料。因为宣讲结束后，需要用这些资料说服客户公司成员同意。宣讲人的宣讲能力固然重要，但是宣讲结束后，客户公司内部需要传看详细的策划书。

而且，当我们翻开策划书，会发现策划书的内容是以书信形式写下的宣讲流程和热忱的想法。这些资料能引起客户的情感共鸣：我们拿到这个商品，就想到了3种可能性，能与他们成为合作伙伴，实在令人感到欣慰。

我们不能只满足于制作幻灯片。因为宣讲结束后，大山先生不再是方案策划人，所以要准备经得起任何指责和批评的详细资料。若想宣讲结束后拿下一大笔订单，就要做到面面俱到。

在白纸上放飞思绪

无论是大型宣讲还是日常开会，直接对着电脑埋头苦做幻灯片都不是上策。因为人是一种无时无刻不在思考的生物。

我的做法是，不管是写策划书还是写演讲稿，先在白纸上写下想法再输入到电脑上。

现在就把自己设想的宣讲流程写在白纸上。同时，写出新想法、别人可能会提出的问题、关键词、宣讲氛围最热烈的预测时间段以及关注的事情、疑问等。

我在制作局（日本节目制作电视台）工作的时候，一直随身携带大量的稿纸和2B、3B的铅笔。同时，我还利用稿纸背面的白色部分写了很多策划内容。现在仍然保持着这个习惯。

我认为，工作经验教给我最好的策划案是"在白纸上放飞思绪"。这也是我最想向您推荐的策划和宣讲技巧。对着白纸思考的时间最长30分钟，最短15分钟。

专栏
宗像洋一郎的演讲稿写作术

演讲撰稿人的工作是写委托人理想的"演讲稿"。大多数时候，我们不光要写稿件，还要教给对方深入人心、强烈的语言表达方式和动作。因为演讲撰稿人的工作目标是打动听众的心。

年轻的首席演讲撰稿人乔恩·法夫罗为美国前总统贝拉克·奥巴马写下了名震世界的著名演讲稿，于是这份工作受到了人们的重视。这份工作的特点是完全不能让听众感觉到稿件是撰稿人的作品。因为稿件终归是由委托人自己表达出来的，如果连常说的话、口头禅、停顿方式都不像委托人自己的，即使写再多的名言都是失败之作。也就是说要彻彻底底地以委托人的角度写稿件。据说为了做到这一点，乔恩·法夫罗研究了奥巴马的动作并随身携带《奥巴马自传》。

撰稿人是语言的"棒球教练"

肯定会有人认为："自己写演讲稿不就好了，何必要让别人写？"可是，有些人社会地位越提高，每一句话担负的责任也越重大，所以他们无法按照"自己的想法"发言。有时因为他们平日的考量、发言和自己的真实想法有一定的出入；有时因为找不到合适准确的措辞，如果措辞不当，社会对这句话会做出强烈的反应。而且，还存在对自己的话语影响力评价过低的情况。

编剧山田太一认为，人的语言有两种：一种是脑海中已经存在、能脱口而出的"语言"；另一种是模糊不清、无形无迹的"心灵语言"。演讲撰稿人就是主动承担语言的"棒球教练"这一角色的人，其任务是帮助委托人将"心灵语言"表达出来。

委托人在回答我的"提问"时，就像在用棒球棍回击棒球。我会仔细研究委托人的思考方式和讲话习惯，并努力模仿。我无法同时接受多份工作委托，而且这份工作很费时间，也不适合那些想要表现自己的人。因此刚从事这份工作的时候，我吃了不少苦。

想要成为那个人

我之前总是难以把握委托人的讲话方式,而将我从此困境中解救出来的是搞笑艺人清水美智子。她说:"成为搞笑艺人的切入点,不是我要模仿他(她),而是我要成为他(她)。""想要成为那个人"的这份决心是成为撰稿人的必经之路。

不管多么了解那个人的说话习惯,也不过是单纯的分析,必须抱着"想要成为那个人"的想法撰写稿件并模仿那个人阅读写好的稿件。例如,我家的衣柜门是一面镜子。我会站在镜子前,尝试朗读稿件。通过朗读,我会发现各种问题,如"句子太长,说得快喘不上气了""这个单词说起来很顺口"等。不停地一遍又一遍地重复,慢慢就会把握委托人的说话习惯。

再撰写稿件时,自己的写作特点就消失了,脑海中留下的只有委托人的声音和想法。

撰稿人如何提高文章质量

今年是我成为撰稿人的第10年,我的文风有了巨大的改变。刚开始这份工作时,大家对我说:"明明只是在浏览文章却听得到声音。""这篇文章给我的感觉是在与人对话。"写作的文体千变万化,有面向小学生的文章,有写给政治家、企业高层、行政官员的演讲稿,甚至还有各种结婚典礼的致辞。因此我的身上附着了许多人的特点，掌握了他们的语言习惯和说话节奏。

所谓有个性的文章，其实和具有自己独特个性的文章截然不同。读过的书或听别人说过的话沉淀在了自己的内心，经过错综复杂的融合，从而写出了有个性的文章。厉害的政治家、地方公立小学校长、喜欢的 YouTube 博主、我大学里的学生……他们的说话方式在我大脑中交错相融。

越是想着"想成为那个人"，写出来的文章就越有厚度和深度。

希望您也常常倾听别人的声音，关注其他人的口头语和经常使用的词语。如果您每天听某个人说话，会有意想不到的发现。关注陌生人的讲话习惯，就是提高文章质量的捷径。

第4章

摆脱照本宣科式交涉的技巧

强烈推荐给您

● 咨询者——**三村樱子女士（26岁）**

三村女士是一名人寿保险销售员，在地方的核心城市销售保险产品。虽然目前流行线上和电话销售，但是三村女士居住的小城镇上，与客户面对面销售的情况依然很常见。这种情况就要求销售员具备交涉能力。

三村女士特别不擅长交涉。明明是迎合客户喜好而制作的手册，但是向客户进行说明的时候客户总是露出嫌弃的表情，说："太难理解了。""只给我说明要点就行了。"虽然有统一宣传的手册，可是按照手册一一说明时，会被抱怨："即使您按照说明书给我解释也不懂啊。"

和客户见面时，应该如何开口打招呼？如何跟对方闲聊？结束对话的时候有没有过渡到下一次见面的话语？她在网上查了许多资料，仍然没有找到有效的方法。

于是，三村女士向宗像先生传达了"想成为交涉高手"的想法。

步骤 1 运用"确认话术"进行交涉

——【讲话无趣的人，聊天起劲的人】——

樱子女士，您那边已经大雪纷飞了吧。虽说目前是暖冬，可北方依旧格外寒冷。骑自行车的时候要注意安全，不要摔倒呀。

那么，我来回答您的问题。您希望掌握"交涉时加深对方理解的技巧"。我明白了，那么我先谈一谈自己的失败经历。

"我先讲到这儿，谁有问题吗？"

10年多前，我开始一边在公司上班一边在大学讲课。虽然同时做两份工作非常辛苦，但是我对自己充满了信心。因为我在公司做过许多场演讲，所以认为大学的课程轻轻松松就能应付。

可是课堂的反馈比我想象的要糟糕得多。就在我垂头丧气的时候，邀请我讲课的教授对我的讲课表现做了点评。

"宗像，你在公司做的宣讲都精彩至极。不过，大学里的授课和宣讲截然不同。构建大学的课程需要衡量学生们的理解程度。不能单方面地把自己想表达的内容滔滔不绝地说出来，而要更加关切地向学生们确认'这里都理解了吗？谁有问题吗？'"

我当时呆住了，自己竟然不清楚这么简单的道理。而这一点正是给樱子女士的建议，即在认真确认对方的理解程度后再继续说明。

樱子女士在来信中提到，您手中有公司统一发放的保险手册，或许正是因为您只按照规定说明保险手册，才忽略了客户的理解程度。无论将手册内容解释得多么精彩，也无法称得上是交涉高手。

灵活提问，引起对方的兴趣

举一个简单易懂的例子。一位小学校长单方面地向家长发表运动会的致辞："非常感谢各位平时对我校活动的大力支持，所幸今天天气晴朗，我们能够顺利地举办这次运动会。"可是，孩子们已经失去了听下去的耐心，于是校长问孩子们："各位同学，今天是什么日子呀？没错，是的，就是我们期盼已久的运动会。昨天晚上睡得好吗？今天能不能铆足了劲往前跑呀？现在……好的好的，大家回应得真热烈。那么咱们的运动会现在正式开始！"这是一种询问对方的"确认话术"策略。

　　樱子女士与客户交涉时也试着运用"确认话术"吧。频繁地询问对方："刚刚我讲得清楚吗？""有什么问题吗？"以此确认对方的理解程度。还有，记得要面带微笑，这样才不会给客户一种居高临下的压迫感。

　　如果对方询问问题，不要对着保险手册照本宣科，而要全心全意地回答客户的问题。因为你的耐心会让对方产生信任感。不必说明整个保险手册的内容，因为向客户推销您的人格魅力更为重要。

 # "我在认真地听"的反馈令对方安心

———————【让对方讲话的窍门】———————

樱子女士,您在来信中提到您光顾着说明保险手册这件事了,我很开心您能意识到这件事。一边确认对方的想法一边交谈,交涉能力会提高一个层次。

那么,今天的问题是"如何引导对方多讲话"。这个问题非常好。既然明白了不能一味地单方面讲话,接下来就要思考如何引导对方讲话。

记住对方说的话,然后鹦鹉学舌

这里介绍一个我非常喜欢的搞笑艺人组合"镰鼬"创作的段子。

山内:"我之前去USJ(日本环球影城)的时候——"

滨家："USJ？"

山内："经历了非常尴尬的事情。"

滨家："嗯……在 USJ 经历了尴尬的事情。"

山内："我不知道那天是万圣节，一只僵尸跳出来的时候，只有我一个人被吓了一大跳。"

您明白了吗？对于担当装傻角色（相当于逗哏）的山内说过的话，担当找碴角色（相当于捧哏）的滨家一定会重复一遍。同一句话重复两遍会让听众印象深刻。

交涉术中重要的就是这个技巧。对方说过的话要鹦鹉学舌再重复一遍。不光只是重复话语，也请加入自己的理解认真地回复对方。例如，对于对方说的内容表示赞同、感到吃惊、整理大致意思等。

如果对方听到您重复他说过的内容，会感到"自己的话传达过去了""这个人在认真地听我讲话"，对方对您产生了信任感之后自然而然会继续往下说。

但是，如果只点头说"好""原来如此"，就会让对方觉得"这个人没有在认真听我讲话"，从而会让对方感到不安。另外，如果连续说三遍"好好好"，会让对方感到不愉快。因此，请不要忘记适时重复对方的话语。

所有答案都隐藏在对方的话语中

再试着深入运用鹦鹉学舌的技巧吧，即交涉当天，借用对方不久前说过的话，将话风调整为对方的讲话风格。

对方感到你们之间对话无趣的理由之一是：手册的解释说明适用于所有人。对方一想到"她可能和每一个人都说同样的话"，就会觉得扫兴。

我见过一位女性保险销售员完美地处理了这种情况。

那是一年一次的保险确认日。她开始向我讲述照顾母亲的事情，我也跟着讲述了自己母亲的一些事。聊到尽兴时，我还把自己退休后的不安情绪和最近的健康状况都说了一遍。她引导话题的方式实在太巧妙了。

聊了一会儿，她拿出了资料。我原本想："哎呀，要开始说一些保险手册上的内容了，好无聊啊！"结果我想错了。她把我说过的话，包括我的既往病、母亲的年龄、我的住所、退休后的公司体系等，从专有名词到数字全都"记"得一清二楚，然后把这些都穿插进自己的讲话内容中。

她根据我在闲聊过程中所表达的不安情绪，为我量身制作了手册的说明内容，就好像完完全全地重复了一遍我刚才说过的话。我甚至被她专业的交涉能力而感动了。

总而言之，重点就是记忆力。交涉的秘诀就隐藏在对方的话语中，因此，迅速记住对方说过的重要话语并且灵活运用十分重要。

步骤 3 确定高峰与终点

【让对方最后同意的话术】

樱子女士,感谢您告诉我,您也喜欢"镰鼬"这个组合。因为您也是关西人呀。我会一直支持"镰鼬"这个组合的。

那么,这次的问题是"如何才能促使交涉成立?"这是交涉过程最重要的一个环节。说起这个,可就要长篇大论了,无法三言两语简单描述。不过,我会竭尽全力做出回答。

专业人士也在运用的"峰终定律"

心理学界有一条"峰终定律",是由经济学家丹尼尔·卡纳曼提出的。他认为高峰和结束时的体验可以左右人们对于事物的印象。重点是"情绪最热烈、最高涨的瞬间(高峰)"和"一连串事件结束时的瞬间",这两个瞬间的记忆深刻地影响着人们对于整体的印象。

樱子女士也试着回想一下参加过的聚会。您应该清晰地记着气氛高涨的瞬间吧。然而,令人难以置信的是,聚会结束后大家三五成群回家的瞬间却不记得了。如果快要回家的时候聚会上发生了不愉快的事情,无论聚会多么热烈也会让人觉得"太差劲了"。同理,交涉过程中这个"峰终定律"也发挥着重要的作用。

何时、如何创造高峰

作家三岛由纪夫把自己的小说比作古典音乐中的"交响乐"。

如何展开前奏?何处是高潮?如何创作尾声?同样,交涉也是一首"交响乐"。如果限定时间为1小时,您会在哪里设置高潮呢?请从头至尾地模拟那个场面。下面,我将教授在此期间动摇对方想法的诀窍。

① **双重束缚**　同时给出两个相互矛盾的选项,让对方选择一个。让对方纠结"选择哪一个划算呢?"

② **限定感**　利用"我只告诉您一个人""只有现在""这是限定商品"等话语营造限定感。

③ **自我表露**　公布自己的信息、现状、心情等,推销自身的品质。

还有其他的一些诀窍。请模拟多种场面，摸索自己在高峰时的交涉方式。

加深终点的印象

还有一个是结束方式。如果有人在车站为您送行，车门刚刚关上对方就飞快地离开了，那么这个行为会给您留下对方非常冷漠的印象吧。因为很长一段时间内，人们都无法忘记离别时对方的态度和表情。

史蒂夫·乔布斯在演讲的时候，就灵活运用了"终点"的说话技巧。

乔布斯有一句经典名言"One more thing"（还有一件事儿），他每次说完这句经典名言后，就会发布具有划时代意义的新产品或服务。他大概知道"结束"时的印象是最令人深刻的，所以才诞生了这句经典名言。

说完"还有一件事儿"，然后推出无可挑剔的产品，向对方传递无比重要的信息，然后准备宣讲。最后的最后，是樱子女士灿烂的笑容。做到这些，一定能交涉成功。

第5章 想法切实转换为语言的方法

是,是的……那,那个……

● 咨询者——**三岛光咲女士（22岁）**

三岛女士是一名就读于东京私立大学法学院的大四学生，现在正在找工作。

目前，主流的面试方式是线上面试，然而，隔着屏幕却难以把握对方的反应。

三岛女士说："最艰难的是将自己的'想法'转换为'语言'。心里虽然清楚问题的答案，可是无论如何都无法转化为'语言'表达出来。一开始我以为是因为太紧张了，但之后每次都觉得心里闷，说不出像样的话。前几天，面试官突然问我'您喜欢的歌曲是什么？为什么？'我原以为自己能轻轻松松地回答出来，可最后才勉勉强强说出了歌名。心里对于那首歌曲的'想法'始终无法用语言表达出来，最后支支吾吾地说了些毫无意义的话。"

三岛女士想知道如何随机应变，将自己的"想法"转换为"语言"。她想从"哎呀，明明自己的答案很完美，为什么无法用语言表达出来呢？"的困境中脱离。那么，宗像先生作为演讲专家，会如何回答呢？

步骤 1　制作"随写笔记本"

――――【将"想法"转换为"语言"的练习方法】――――

光咲女士找工作非常辛苦吧。线上面试既无法看到对方的表情，还有网络延迟。所以请有意识地外出转换心情吧。

那么，这次的问题是"如何将'想法'转换为'语言'？"若要解决这个问题，首先必须了解什么是"想法"。

光咲女士有没有冥想过？闭上眼睛坐5分钟，就会感受到杂念一个接一个地浮现在脑海里。

我们清楚，不管是多么无用的"想法"，都会消耗人们大量的能量。

将"想法"转换为"语言"，这种"想法"不断地浮现在心中又消逝。从中选择最能准确传达给对方的"想法"，并将其转换为恰当的"语言"，这比想象中的还要难。

我会在信中教给您将"想法"转换为"语言"的练习方法。

训练将"想法"转换成"文字"

请准备一个写坏了扔掉也不心疼的便宜笔记本，以及蓝色和红色的签字笔。

这个笔记本就是"任意写笔记本"。这个笔记本不用给别人看，写满就立刻扔掉。所以，无论感到难为情的事情，还是心中有愧的事情全都可以写上去。

确定主题。假设主题为某公司的求职动机。

看到这个主题，脑海里杂乱无章地浮现了各种各样的"想法"吧。"工作稳定""没有人员调动""休息日多""女性前辈非常出色""发展迅速""能做副业""有许多人辞职后也很活跃"……所有的想法都可以写在笔记本上。如果给自己的心做个素描，您可能会认为"想法太多太难了"。但是，您心中"想法"的数量其实是脑海中想法的几十倍、几百倍。当您产生"我要记录下来"的想法的那一瞬间，其实内心就已经对想法进行了筛选。

您明白吗？无数的"想法"浮现在心中后又会消失不见。因此，听到别人的意见，自己会想"啊，我也考虑到这一点了"。然而，"内心所想"和"语言表达"其实有天壤之别。大多数人都能做到思考"想法"。

光咲女士，这次我想告诉您的是如何将"想法"转换为"文字"。不仅包括浮于表面的想法，也包括无法诉说的想法，大大方方地用蓝色签字笔尽情地将"想法"写下来。

尽可能写成文章，不要只局限于词汇。这样才能精准地抓住自己的"想法"。

坚持写下去，"想法"将转换为"语言"

迄今为止，我写满了十几个"任意写笔记本"，现在全都扔了。最近我经常用 Apple Pencil 在 iPad 上写笔记。不过，这样随心所欲地写，却远不如扔掉整个笔记本有成就感。

训练将自己的"想法"全部文字化。我不清楚您如今的心情是悲伤，还是懊悔或是悲惨，如果经历了无法将自己的想法转换为文字的那份焦躁不安，那么语言能力将慢慢地提升。

捕捉住心中浮现的"想法"真的很难。直到现在，我仍在烦恼"应该如何表达这个想法呢？"

对光咲女士来说，找工作是一个提升自我的绝好机会。即将成为社会工作者的一员之前，就意识到"想法"转换为"语言"的艰难之处，我认为这是极好的。

从今天就开始使用"任意写笔记本"吧。请把无法诉说的"想法"一一记录下来，或许您就会发现自己陌生的一面。直视那一面，"想法"便能转换为"语言"。

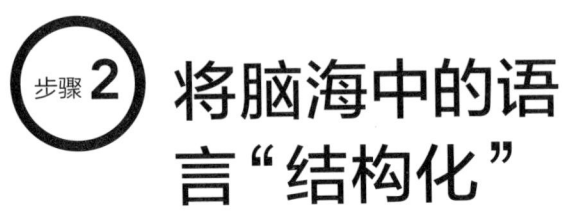
将脑海中的语言"结构化"

———【有效活用"想法"的秘诀】———

光咲女士，感谢您的回信。您在信中写道："在'任意写笔记本'上书写的时候，没想到自己的语言组织能力如此有限，当时震惊极了。"我相当理解这种感觉。

我每次写的时候，脑海中也只能浮现"词汇＋生气"之类的句子，也特别感到震惊。不过没关系，我并不是刻意地安慰您，因为我也处于同样的处境，惊讶于能将自己的"想法"转化为"语言"的"词语"如此之少。

那么，今天的问题是"如何有效利用写在笔记本上的想法"。我明白您的问题了，下面我来具体讲解。

将"想法"分组，贴上标签

在"任意写笔记本"上书写"想法"，按解决问题的方法说明的话就是"头脑风暴"。不批判、不删减想法，尽量多写。我在广告公司工作的时候，思考创意时经常使用这种方法。

接下来要做的是，翻一翻笔记本，用同样的颜色把相似的语言和想法圈起来，分成一组。

以找工作为例。思考"为什么想进我们公司"的答案时，把"工作稳定""发展迅速"等想法分到标签为"健全的企业制度"这一组，把"能做副业""休息日多"等想法分到标签为"能发挥个人优势"这一组，把"许多人辞职后也很活跃""女性前辈非常出色"等想法分到标签为"人性的魅力"这一组。

总结以上标签，自己可以感受到这个企业的"健全的制度""尊重个体""员工能力强"等多种魅力。

再举一个例子。假设您刚交的朋友令您特别恼火。您列出了以下几个句子："在电影院里不光开着 Apple Watch 还不停地看 LINE 来信""刚到别人家就擅自打开冰箱""吃饭的时候经常摸头发"。这些都可以贴上"不细腻"的标签。

把相似的想法集中起来，然后贴上共通的标签。如此一来，便能将具体的事物概括为高度抽象的语言，如"人性力""先进性"等。

"喜欢说话的人"及"擅长说话的人"

世上有"喜欢说话的人"和"擅长说话的人"。

"喜欢说话的人"善于将浮现在脑海又消失的"想法"片段代入情绪表达为话语。然而,这样的人说话没有深度。

"擅长说话的人"能将脑海里浮现的"想法"组织起来,概括为共通的话语。他们的"想法"是有结构的,因此话语具有深度和尺度。

光咲女士,迄今为止我见过许多人,他们学生时代能说会道,而一进入社会就变得沉默寡言。学生时代,想怎么说就怎么说,开心就好。可是,进入社会后,别人会根据自己说的话进行评价并定性。因此,我们必须对自己说的话负起责任。

如今是"信息传播时代",有很多人深受影响。许多人刚进入社会时,还保持着"想说什么就说什么"的秉性,结果因为自己无意间的一句话被炒了鱿鱼。

光咲女士,如今,很多人肆意地说着不负责任的话,真实和虚假的界限也变得模糊不清。所以,准确表达、内容有条理、语言逻辑通顺显得格外重要。随心所欲地表达"想法"的同时,也请成为一个对自己的话语负责的人。我为您加油哦。

步骤 3 万物皆可排名

【扣人心弦的话语魅力】

光咲女士,您在来信中提到已经进入了一家公司的最终面试环节。太棒了!这时您可以确定内容的主题然后写在"任意写笔记本"上。主题可以是"进入那家公司想完成的事""10年后的自己"等。

找工作时最厉害的"武器"便是可以自信地说:"我有这种实力,进入贵公司后,特别是在这一方面可以发挥自身能力。"不要懈怠,要频繁地分析自我、分析公司。

那么,这次的问题是"如何魅力十足地表达'想法'"。无论将多少"想法"转换为"语言",传达方式如果不够有魅力也毫无意义。

运用排名的手法扣人心弦

我经常看"マコなり社長"这个YouTube博主的视频,并从他的视频里学到了许多。话题的新鲜度、高效的表达方式、搞笑有趣的程度,全都无可挑剔。这位"マコなり社長"博主经常使用的讲述手法就是"排名",而且对任何事都排名。他的讲述总让我充满了期待,例如,"第三名是什么呢?""为什么这个不是第一名呢?"等等。

据说以前一旦卖不动杂志,就会在上面刊登"排名榜报道"。因为人们对于排名非常敏感。只要有排名,关注量就立刻暴涨。

光咲女士,如此巧妙的手法如果不学习一下那就太可惜了。今天我想告诉您的是"万物皆可排名"。

请您任意选择主题,例如,"神保町最美味午餐前五名""最强应用程序前五名""最讨厌的五种性格"等,并写在笔记本上。

上一封邮件中,从制作"任意写笔记本"的话题引出了三个"企业的魅力",分别是"健全的制度""尊重个体"和"员工能力强"。如果给入职的理由进行排序,结果会如何呢?

"第一名,尊重个体;第二名,员工能力强;第三名,健全的制度。"或"第一名,员工能力强;第二名,健全的制度;第三名,尊重个体。"选择的排序方式不同,面试时讲述的内容也就截然不同。

如果我们不给"企业的魅力"进行排名,而只是漫不经心地思考，那么就会不由自主地依照想到的先后顺序做出回答。这样的表达方式就过于平淡乏味，无法让对方产生想要倾听的冲动。因此，平时就养成对任何事都进行排名的习惯吧。

"想法"转换为具体的"语言"

下面运用之前学过的知识，制作一个具体的找工作面试时的应对方案吧。

"我申请贵公司的理由有三个。首先，是贵公司员工的能力强。我见到贵公司员工个个都充满了活力和干劲，而且能耐心细致地为学生们进行解说。在这里工作的人都格外优秀。我也想在贵公司工作。理由或许很单纯，但这是我的第一求职动机。

"其次，贵公司有健全的企业制度。这绝不是'安稳'的意思。贵公司致力于开发高科技产品和保护生态环境，并且贵公司目前发展稳定，前景一片大好。在我看来，贵公司是一家成熟且值得信赖的企业。大学时期，我深入研究了SDGs（联合国可持续发展目标），因此我认为贵公司的工作相当有意义，我迫不及待地想为贵公司做贡献。

"最后，是贵公司'尊重个体'的企业体系和企业作风。我感觉这一点最具魅力，让未来充满了无限可能性。"

衷心祝愿光咲女士能成功进入理想的企业。

第6章 让人眼前一亮的策划案书写法

● 咨询者——**诹访弓子女士（26岁）**

诹访女士特别喜欢漫画，从小就立志要在出版社工作。最终功夫不负有心人，她突破层层难关，成功当上了出版社的编辑。不过，令人唏嘘的是，她只能负责编辑普通书籍，而没能实现成为漫画书编辑的梦想。

老实说，除了漫画书，诹访女士没读过其他类型的书。她对商业类书籍和自我启发类书籍完全没有兴趣。因此，就算她提交策划案也无法通过。而且，领导驳回策划案的理由也模棱两可，如"这个策划不太对啊""我理解不了"等。但与此同时，公司一个晚辈的策划案接连通过，前些天这个晚辈经手的一本书还上了电视，成了人们热议的作品。

相比之下，诹访女士经手的书都卖不出去。不仅如此，最近诹访女士制订的方案也都被驳回了。她愈发觉得自己没有这方面的才能。她不知道如何才能写出让周围的人都认可的策划书。为了摆脱这一困境，诹访女士给宗像发了一篇很长的邮件，希望得到帮助。

步骤 1 感受风向，阅读空气，洞察人心

————【写出能顺利通过的策划案】————

弓子女士，感谢您送的书。我非常喜欢您编辑的书。内容的精彩程度自不必说，书本排版、色调、触感也都经过了精心的设计。书本不畅销并不是您的错。只要用心细致地完成工作，总有开花结果的那一天。

不过，策划案总是通不过的确让人头疼。况且主编的反馈，如"我无法理解""无法让人赞同""感觉不会畅销"等也不够具体。这样一来，即使想修改也摸不着头脑。越是考虑事物细致入微的领导，越是容易做出这样的反应。

但是不要灰心丧气。史努比也说过："将一副人生烂牌打得风生水起、妙趣横生，别管它到底是什么意思。"所以不能输给周围的环境。让我们一起考虑"如何能写出顺利通过的策划案"吧。

培养观察流行趋势、现实情况、人心的能力

我在广告公司升职为创意总监的时候,前辈在庆祝宴会上对我说:"创意总监的工作是'感受风向,阅读空气,洞察人心'。"

今天将这句话传达给弓子女士。

下面具体解释一下这句话的意思。首先,"感受风向"简单来说就是像判断风向一样判断今后的流行趋势。

我认识一位时尚创意总监,他以前在涩谷109拍了无数张不同角度的照片。他在拍的过程中发现,100个人之中有1个人穿着薄荷绿的衣服。等到下一周,随手拍的照片之中有8个人同样穿着薄荷绿的衣服,而且大多是年轻人穿这样的衣服。听说他从未停止过分析照片。这便是"感受风向"的例子。

随手一拍,便可以从照片的风景里观察到"某一现象",这可以投稿到Instagram(照片墙)上,也可以应用在日常对话里。

其次,"阅读空气",是指现实的情况,让我们将目光转向当下的市场情况。

市面上有哪些书和您现在想制作的书类似呢?

书店的销售状况以及网上的书评如何?

公司内部在同一时期会出版哪些书?公司会投入广告费和营业精力吗?

另外,试着观察现实情况。在现实世界里,寻找自己想制作的书籍方向。如果空有梦想无法一举成名,那么就让我们把目光

转向现实。

最后,"洞察人心",也就是观察人心,理解人们的心情。

如果周围的人产生和自己当下同样的心情和感觉,如"啊,我也是这么想的""我也是一样的感觉""她好懂我"等,那么自己肯定深受欢迎。反之如果只有自己认为有趣,那么周围的人只会认为:"好吧,随便您自己喜欢。"

制作策划案要注意两点,思考自己和他人能产生共鸣的内容,思考与众不同的内容。我拜读过弓子女士的书后,感觉您在"与众不同"上下了太多功夫,以致缺乏共鸣力。

如果过于"与众不同",便无法让大多数人感受到被理解。这或许便是您的领导所说的"我无法理解"的真实含义吧。

弓子女士,不要一直坐在办公桌或自己家的桌子前,试着到街上走一走,感受"风向""空气"和"人心"。希望有朝一日您编辑的书能让更多人产生"怎么这么懂我"的想法。请您以此为目标书写策划案。

步骤2 写出容易让人脑海浮现目标画面的标题

【标题改变结果的原因】

感谢您的来信。您在信中说："收到回信后就立刻拿着手机出门了。"我向您的行动力表示敬意。

令人遗憾的是，受新冠疫情的影响，街上的情景和以往大不相同了。但是，这或许是个观察今后街上的人群如何聚集、如何散去的绝好机会。应该能从此预测到全新的模式和娱乐方式、全新的集群和人际关系。因此，请用心分析。

那么，我来回答您的问题。这次的问题是"如何命名策划案的标题，才能打动领导"。举一个例子。

取标题时想象在脑海中留下的深刻印象

以下是某行政机关为了吸引电视、报纸等媒体报道而写的新闻稿标题。

① 邀请当地小学生，举行除雪车出动仪式。
② 举办除雪车出动仪式！小学生体验除雪机器！

第二个新闻稿，被4家电视台和4家报纸竞相报道，而第一个新闻稿的报道数量为0。这是为什么呢？

阅读第一个新闻稿标题，我们完全不清楚小学生被邀请去做什么了。只看字面意思，让人容易认为他们只是站在除雪车上无事可做。电视台和报社应该没有多余的时间，为了采访这种事而派出人员和摄像机。

第二个新闻稿中有"体验"一词。单看"体验"这个词，脑海中就能浮现孩子们实际操作除雪车的画面。媒体工作者会想："嗯，能想象到一幅画面，那就去采访吧。"能发布在报纸版面和电视画面上的目标非常明确。

我想传达给您的信息便是"取的标题要给对方留下深刻的印象"。谈到标题和宣传语，有人认为用语需要耳目一新、尖锐突出，或者使用容易记住的谐音词。标题用语固然重要，不过当前社会追求的是"速度"。取的标题最好通俗易懂，让所有人能想象出同一幅画面并且付诸行动。

与其绞尽脑汁地思考"从未被使用过的词语"，不如花些心思想"人们看到后，能立刻浮现出相应画面的词语"。

升级版文案格式：动词+宾语（短语）

再讲一个技巧。史蒂夫·乔布斯发布第一代"iPhone"时，说了这样一句话：

"今天，苹果要重新发明手机。"

这虽然是乔布斯无心的一句话，但是我们脑海中会不由自主地想起以前的老式手机，如果"重新发明"手机，那么手机会变成什么样子呢？大家想到这都会禁不住地兴奋和期待。

首先让大家在脑海里想象老式手机，说明时将文案升级为"动词+宾语"的格式。如果认真回想，您就会发现苹果的文案大多是"动词+宾语（短语）"的形式，如"入手方便，得偿所愿"（iPhone SE）"随身携带电量"（MacBook pro）等。希望您参考这类文案，写出更加生动的文字。

 # 将演示模板发挥到淋漓尽致

【演示内容的制作方法】

弓子女士,感谢您的回信。您在来信中提到3天后公司将举行策划会议。

希望这次您的策划案能顺利通过,成功让主编说出:"嗯,这个策划案真不错。"

您还在信中说"希望学会演示内容的制作方式"。尽管您说想学会如何制作,但"冰冻三尺非一日之寒",突然变得熟练起来是不现实的。因此,若想实现目标,必须积攒多次成功的经验,以形成自己的演示风格并反复打磨。接下来要说的是做到这件事的基础。

今天介绍的是,将演示整体想象成一个"故事",按照脉络去讲述故事的图表。

以下是我制作的"故事共享图表",请您参考。

故事共享图表

姓名 _____

日期 _____

我在这本书中看到了商机

-
-
-
-
-
-

制作的艰辛与执着

-
-
-
-
-
-

为什么制作这本书

-
-
-
-
-
-

请看过来！与其他书的不同之处

-
-
-
-
-
-

希望这些人能够阅读

-
-
-
-
-
-

希望听到的读者反馈

-
-
-
-
-
-

故事共享图表的制作方法

① 我在这本书中看到了商机

分析为什么这本书能够大卖，即分析趋势。请回想"感受风向"并围绕此进行讲述。

② 为什么制作这本书

讲述想制作的书本内容。讲述时要让在场的所有人脑海中浮现出最终的画面。

③ 希望这些人能够阅读

受众群体是特定的多数人，讲述他们是一群过着何种生活，生存于何种人际关系中，怀有何种梦想和烦恼的人。记得要说得具体些，因为这本书是写给他们的。

④ 制作的艰辛与执着

执着于什么？有什么样的困难？坦率地讲出来吧，因为这能引起别人的共鸣，或许还会收获不错的意见。

⑤ 请看过来！与其他书的不同之处

这本书和其他相似的书之间有什么不同？谈一谈它的特别之处。经过分析，可以向别人传达您对这本书的热爱。

⑥ 希望听到的读者反馈

希望从实际读过这本书的读者那里听到什么感想呢？如同接受采访一般，表达出"真实的声音"。您结束宣讲时，要给别人留下这本书已经畅销的印象。

您下一次做策划宣讲时,请把"故事共享图表"里的内容写进策划书,并依照策划宣讲的顺序大大方方地讲述,这样就不会畏惧上司的目光了。宣讲前一天,如果演示文稿不易操作,请不断调整直到能够顺利播放。

最后,希望您相信并且热爱自己的感觉。只要不停地感受风向、阅读空气、洞察人心,您的状态一定会越来越好。好不容易才能从事这份梦寐以求的工作,我们要心怀感恩,祝您好运。

专栏

宗像洋一郎的
词汇量增加术

谷川俊太郎有一首名为《活着》的诗——"活着,所谓现在活着。那就是超短裙,是天文馆,是约翰·施特劳斯,是毕加索,是阿尔卑斯山,是遇到一切美好的事物,而且,还要小心翼翼地提防潜藏的恶。"(节选自谷川俊太郎《活着》)

这首诗以"活着"为中心,大量使用了打动诗人心灵的词语。如果让您仿照谷川的诗,围绕"活着"这一中心收集大量让人产生共鸣的词语,您会使用哪些词语呢?

手机充电器、单反相机、薰衣草奶油、淡蓝色标签……任何词语都可以。请凭借自己的感觉去寻找与"活着"相关联的词语。

语言是"磁铁"

若想扩充自己的词汇量,重要的是先查询陌生词汇的意思,然后记住。不过,比这更重要的是以"寂寞""无法释怀""悔恨"等词汇为"磁铁",凭借自己的感觉进行语言综合训练。

在白纸上写下"孤独"一词。接下来,您会联想到什么样的词语呢?刚刚,我脑海中联想到的短语是:备用钥匙、空无一人的教室、蓝色书信、化妆镜……这些短语是以"孤独"一词为中心联想到的词语群。

日常生活中,我们通常不经深思熟虑就会脱口而出一些词语。例如,当我们吃到鲜嫩美味的应季秋刀鱼时,不经大脑思考就会脱口而出"好吃""太美味了""这也太香了"等评语。可是细细想来,日常生活中,我们只会反复运用那100个左右的词语。

增加词汇量,实际上就是提高常用词的层次感。例如,可以将"好吃"替换为"香味四溢""可口多汁""秋天的收获""应季的鱼就是香嫩""感觉又活过来了"等词。在白纸正中间写下"秋刀鱼",然后试着写下表达其美味的词语。只要试着写一下就能立刻明白,自己的词汇量是多么匮乏。然而体验这种感觉非常重要。

我想,只要体验过这种感觉,说不定当有人说了一句话来形容"秋刀鱼"的美味时,您马上就能反应过来:"哦,原来还有这种说法啊。"经历过这种短暂的激动瞬间后,掌握的词汇量就会增加,那么日常生活中得以运用的表达方式也增加了。

存储他人的话语

我在许多场合都运用过"语言是磁铁"这个技能。在广告公司工作时,利用"广告"这一磁铁,学习了许多先辈们的语言。在开会或磋商的时候,我经常把自己听到的认为不错的话记在本子上。

提到广告用词,我立刻想到了这些话语,如"最重要的是气势""通俗易懂""想听别人对自己说的话""助威歌""从年轻人那里偷学的""挺好的呀,鼓励别人去运动""去感受,去观赏""大脑里生成了答案""无用之物成大用""减法的艺术""单纯的教诲""许多提示"……记下让您耳目一新的话语。尽管收集的话语出自他人之口,但是您积累的话语群却是世上独一无二的。

谷川俊太郎认为自己最中意的词语是"喜欢"。他说:"'喜欢上什么'是人生极为重要的一件事,因为'喜欢'是'爱的基础'。"因此,可以围绕"喜欢"这一中心词,收集打动人心的话语。我认为,这是最高效、最愉快的扩充词汇量的方法。

准备一张白纸、一支笔,然后,请在纸的正中间写下"喜欢"一词,并扩充与之相关的词汇。

第 7 章

如何写出夺人眼球的文案

● 咨询者——**稻田日菜（22岁）**

今年，稻田女士进入了一家大型化妆品公司，而且被分配到了梦寐以求的宣传部。刚进公司不久，她就被安排负责撰写网络广告的文案。

稻田女士大学时期是"广告研究会"的一员，因此对写文章充满了自信。可是，她明明感觉自己写的广告文案不错，但是商品却卖不出去，大众认可度也不高。她看到许多人在评价里写道"令人感到不愉快"，便失去了写文章的自信。

她一个劲地想"无论如何都要写出夺人眼球的文案"，她越是这样想，越会被领导批评。虽然她写的文章措辞真挚，善用修辞，并且努力模仿优秀广告词的写法，可是无论如何都无法摆脱这一恶性循环。

她的愿望是："撰写出能引人入胜的文案，让自己的文案一举成名，并在社会上掀起一股热潮。"因此，稻田女士希望宗像先生能给予她一些建议。

步骤 1 放下投机心

——【令语言更有气势的技巧】——

　　日菜女士，感谢您的来信。您写的文章颇富节奏感，我一口气儿就看完了。想必您的文采是与生俱来的，我能理解为什么您能被选入传统的化妆品公司宣传部。不过，自己写的文案却无法促进商品销售，还不被大众接受，甚至有人对文案内容感到不满，想必您为此感到非常痛苦。虽说您还年轻不必太过着急，但在这里谈一谈我个人的想法。

急功近利只会降低文案的质量

　　您提到"想让自己写的文案一举成名，并在社会上掀起一股热潮"。也就是说，您想让自己写的文案引起他人的共鸣，收获高赞高评价,并被广泛传播,成为流行语,以此促进商品热卖。说实话,如果能做到这件事,您现在就是一个大富翁了。正是因为目前还没有这样的方法,仍有不少人还在不断摸索,反复尝试。

看完您写的文章和刊登的广告语后,有几点令人担心。

"这么写可能会成为一个流行的段子"的想法一目了然。"让自己写的文案一举成名,并在社会上掀起一股热潮"的强烈想法掩盖了商品本身。

智能手机问世以来,我们写的文章也和以往的迥然不同。如今,所有人都能轻而易举地成为信息传播者。于是人们为了让自己的信息看起来敏锐有力,在社会上肆意地散播可耻的话语、夸张的广告和虚假的新闻,甚至有人为了制造话题,利用一些新型手段,如"坦白类"和"诽谤商法"等方式主动暴露自己的信息。

如此风气之下,若是一心想着如何"引人注目",写出"夺人眼球的话语"和"一举成名的文案",那么写文章就容易夸大事实,表达极度负面的内容。这是极其危险的想法。

我刚进入广告公司时就被叮嘱:"策划内容绝不能写黄段子和只有广告从业者才懂的事。"虽然"黄段子"轻而易举就能成为大家的谈资,而且讨论热度只增不减,但是,广告整体容易变得粗鄙低俗。另外,如果广告内容是"只有广告从业者才懂的事",那么只有自己圈内的人觉得有趣,而无法将内容传播到整个社会。如果再加上广告内容拙劣,更容易招致人们的反感。因此公司严肃地告诫我绝不能写以上两种广告内容。

您的前辈也告诉您保持"策划的格调"的重要性了吧？因为只有决定了"不能写什么"，才能保持文章的格调。在这个总想引人注目的时代，保持文章的格调反而更加重要。

如果推荐给亲近的人，您会怎么说

人们将"一蹴而就"的投机商心理称为投机心。许多发布信息者抱着投机心想写出能一夜爆火的文章，导致不论虚拟世界还是现实世界都充斥着"一秒解除""转眼之间就减了 18 千克"之类的广告词。日菜女士所在的传统企业不可能写这种类型的文案，也没有必要写。

以下是我的建议：放下心中正在滋生的投机心。

比起思考能轰动一时的段子，不如考虑如果发自真心地向自己的母亲、兄弟姐妹、亲近的朋友推荐那款商品，您会说些什么呢？无须考虑让"许多人"购买，而只考虑让"许多人中的一个人"购买，您会怎么写文案呢？

岩崎俊一是一位文案大师，他写了许多深入人心的著名文案。

他为资生堂的一款洗发水写的广告文案是："植物温养，秀发自然清爽（资生堂惠润洗发水）。"完美呈现了人、头发和洗发水的和谐关系，毫无投机心，只有人情味。看了这则广告文案，让人特别想把这一款洗发水推荐给亲近的人。

在费尽心思考虑如何引人注目之前,希望您先思考劝心爱的人购买商品时,应该说些什么。

放下投机心,写出让您心爱的人会心一笑的文案吧。如此一来,日菜女士的独特风格定会显现出来。

步骤 2　不断重复，一气呵成

【 写出流畅句子的秘诀 】

日菜女士，感谢您的回信。您写的字刚劲有力，清晰地印在稿纸上，一目了然，我十分喜欢这种文字。

您在来信中提到，您看完信后立马购买了岩崎俊一的著作《凝视幸福的文案》（东急集团）。这本书是不是用语温暖又感人，非常朴实无华？这些文案仿佛是他写给客户、消费者、家人和身边的人的书信。

"他人赠予之物，比自己购入的美味百倍"（西武百货）等广告文案，只要读过一遍，每当有人送礼物时就会回想起来。所谓好文章，就是指渗透到人们的长期记忆中，一旦发生什么事一下子就能回想起来的文章。

想必岩崎每次从别人那里收到礼物的心情都是："总感觉比平

时更开心，更美味，更温暖。"生活中多次体会这种心情，然后当这种心情与商品完美融合时，就会写出让所有人都为之震撼的广告文案。

相较于堆砌华丽的辞藻，更重要的是每天观察自己内心的变化，并且勇敢地、坦率地将其表达出来。

同一时间，发布同样长度的文章

那么，今天的问题是如何像岩崎一样"写出迅速打入人群，温暖人心的文案"。其实方法很简单，就是每天不间断地在社交软件上投稿，"不间断"尤为重要。

近10年来，我每天在Facebook（脸书）和note（笔记本）上写1000字左右的专栏。每天1000字，如果写的太多会分成四五篇分别投稿。但是人总有身体不舒服的时候，也有感到心烦意乱、烦躁不安的时候。"今天先不写了吧"这种具有诱惑性的想法会无数次地浮现在脑海里。即使如此也要坚持写。说实话，写的过程也很痛苦。一大早上就开始写，还经常出现错字漏字，句子不通顺的情况。每次写完重读时我都会沮丧好一阵子。

即使如此也要坚持，因为终有一天会写出好的文章。写文章时，有时想故意搞笑，有时想因试探对方而卖弄计策。不过，坚持写下去，就会发现"自己的标准"是什么，也能抓住写作的重点："哦，原来这种文章让大家读起来最舒服。"

重读以前写的文章，有时候会认为自己写的文章真好，一时变得骄傲自大。但其实都是卖弄小聪明，本该羞愧不已。过了一阵子，正如川柳诗所描写的"自觉得心应手，实则令人厌恶"，渐渐展现出狂妄自大的一面。往往这个时候，文章的点赞量和评论量极少，因为人们都在认真地甄别文章的优劣。

每天写文章然后投稿在社交软件上，便可以明确自己良好的一面和不足的一面。之后写广告文案时，那些自认为完美无缺的表达也会消失得无影无踪。因此，请一定要每天坚持写。

写着写着灵光乍现

还有一个技巧，是把"灵光乍现"的想法记录下来。

广告文案内容多种多样，可以清空大脑里所有的话语，然后把全新的话语装进空空如也的脑袋里。

写得越多，文章越没有条理。等到自己丧失了语言控制能力时，记忆深处就会闪现出意想不到的词语，这就是"灵光乍现"。

日菜女士今后应该会经历无数次"灵光乍现"的瞬间。一旦全部倾泻而出，大脑就会变得像一个未具备语言机能的婴儿，使得我们看到的一切都是新鲜的，充满了好奇心。那时就自然而然地写出能引起热议的词语。

英国作家威廉·哈兹里特曾说："我们做得越多，能做的也就越多"。

步骤 3　吸收优质词语

――――――【 提高语言能力的训练方法 】――――――

　　日菜女士，感谢您的来信。您最近在 note 上写的文章都很好。从前，有一个著名广告文案是"自行车大小的街道"。您通过与住处附近的书店老板对话，将其改为了"自行车大小的目光"，实在是妙。我通过这句话仿佛能听到微风吹拂的声音，感受到人们内心的温情。最重要的是我完全感受不到"投机心"的存在。您的文字里体现出了您坦率的性格。

　　那么，这次您想知道"如何让话语更有力量"。要做到这一点，不是很容易。

　　首先，请您明白不存在让话语更有力量的速成法。古今中外都不存在。明白了这一点后，我再向您介绍加强"话语的力量"的训练方法。

记下所有引起您共鸣的句子

训练方法并不特别，就是像吃饭一样记住让自己有印象的词语。我学生时期发生过一件和记忆有关的事情。那时，我在背整个词典，背完一页就说："好嘞，我全都记住了！这张纸已经没用了！"然后就把那张纸撕下来狼吞虎咽地吃下去。毫无疑问这是江湖传说。但是，我的确认为"吃下词语"这种感觉对于靠语言为生的人来说是必需的。无论是感觉还是感性认识，如果没有与之对应的词汇用来表达，终究无法打动人心。

寺山修司既是和歌诗人又是剧作家。他提出"要以词句为友"。我们的工作取决于有多少关系融洽的"语言朋友"。因此，收集大量词句，并储存到大脑中。这便是我推荐的方法。

例如，我在圣诞节那天玩手机时看到了一句话："MERRY GOOD JOB！"。

2020年由于新冠肺炎疫情，我们经历了不少磨难。这篇广告文案向我们传达的是："好好表扬自己，毕竟好不容易坚持到圣诞节。"于是我记住了这句话。

又如，"这个冬天冰雪融化，于学习中燃烧自我"。

可以将其理解为寒冷中燃烧火红的斗志。因为我在教学生，所以把这句话也记下来了。从话语中我甚至感受到了色彩。

再如，"该烦恼就烦恼，仅仅是烦恼，尽情地烦恼"。我有一段时间持续地被一股莫名的不安情绪所困扰，这句话让我的心平静了下来。

像考生背英语单词一样，把这些话背下来。无条件地"吃下"并且掌握触动您的语言。

记住所有街头用语

人们在说出话的同时应该会想让人听进去并记住。真木准是一位广告文案撰写者，他曾说过："话语是声音的身体"。与书本及网上固定的文字不同，人们说出的话语里含有不同的语气。这些我也都想记住，模仿着他人的语调说出来然后加以记忆。

我曾有过这样一段经历。

从前，我对一位美丽的女士说："咱们近期再见吧。"结果她对我说："那些说着近期再见的人，其实不会与对方再见。即使约好3个月内见面，实际见面时已经是半年后。所以让我们定一个确切具体的日期吧。"我觉得这句话能直接当作电视剧的台词，所以连语气都一并记住了。

还有一次，我拼命地想要回忆起某件事，结果有人对我说："记不住的事终究无法回忆起来。"虽然被戳到了痛处，但是我很喜欢这句话，所以也全部记住了。

广告文案撰写者一般可以将各种人的话语完整地记下来，从而让自己的话语更具有广度、深度和力度。所以请记住对自己有用的话语吧!

第8章 提升夸赞能力的三大秘诀

您真是美丽动人!

● 咨询者——**白山明日香女士（27 岁）**

　　白山女士是东京一家酒店的婚礼策划师。她怀着"做百分百幸福的工作"这样天真的想法从事了这份工作，结果却令她大失所望。

　　对客人来说婚礼是一生仅有一次的大事。因此不能像平常一样做出平淡的反应和表情，所以她每次都要面带笑容地夸奖客人："哇，您太美丽了！""真是羡煞旁人啊！"但是说实话，这样工作了 5 年她实在有些吃不消了。

　　白山女士向我们倾诉了她的烦恼："我已经厌倦了'您太美丽了'这种老套的话，但是又想不到别的赞美的词语，我想变得擅长夸赞他人。"她还说："婚礼策划工作十分神圣，每次听到客人感谢我们，我都会激动地流眼泪。"

　　白山女士不打算放弃这份职业。她想成为一个赞美大师，掌握除了"恭喜""您真美丽"以外的赞美之词。于是，她给宗像先生写了一封信寻求建议。

步骤 1　一句话总结对方的优点

【 寻找赞美之词的方法 】

　　明日香女士，虽然知道您毕业之后在帝都酒店工作，但是没想到能在酒店大厅偶遇您。很开心您主动与我打招呼。
　　那么，我来解决您的烦心之事。一直以来面带笑容地对客户说："真的很适合您呀！""您真是太美丽了！"想必您已经十分疲惫了吧。您一直苦于"不知道能代替这些套话的赞美之词"。

之前一直没注意到，原来我……

　　您之前似乎是文学部的成员吧？那么，您大概看过芥川龙之介的小说《蜘蛛丝》。我读了那本小说后，觉得惊悚恐怖的地狱比莲花盛开的极乐世界描写得更加生动。

不知为何，人类似乎更加擅长描写地狱而非天堂，描写的极乐世界枯燥乏味，形容词少，容易落入俗套。

如此比较天堂与地狱，您大概就清楚"婚礼策划师"归属于哪一类了吧。没错，就是天堂。所以您才会认为工作困难，容易因循守旧，只能说出"您太美丽了""祝您二位幸福"等赞美之词。

关于如何扩充赞美之词，我将给出一些建议。我刚进入广告公司的时候，从前辈那里听到一个趣事。

刚开始写广告文案的时候，前辈突然问了我一个问题："宗像，你知道夸赞他人最好的结果是什么吗？"不知道明日香女士对此会如何回答。当时，前辈的回答是："对话结束后，让对方产生'之前一直没注意到，原来我……呀！'的想法。"

也就是让对方主动意识到自己的优点。例如，"之前一直没注意到，原来我吃蛋糕的方式这么优雅""之前一直没注意到，原来我发送 LINE 消息的时机这么巧"……这便是前辈口中夸奖对方最好的结果。

前辈还说，写的广告文案要让客户恍然大悟："之前一直没注意到，原来这个商品有这么多优点。"因为连自己都不清楚的一面被他人夸赞的确是件令人高兴的事。

赞美之词需要去"发现"

您身为婚礼策划师，不妨尝试运用一下前辈的话语技巧。

例如，"虽然这是一件露背婚纱，但因为您一直在做普拉提，所以肩胛骨的动作十分优美。您的背影看起来既挺直又优雅""您笑起来的时候嘴角上扬，露出两排洁白的牙齿，您是我见过笑起来最幸福的客人。我想坐在这个宽敞会场的人都能切实地感受到您的幸福"。

也就是说，"赞美之词"即"发现之事"。

从客人身上发现闪光点，而不是刻意思考"美丽""可爱"等之外的形容词。闪光点即"赞美之词"。

您已经见证了无数位新娘踏入婚礼的殿堂，大脑中应该存储着许多美好的片段。如果稍加注意观察，就可以轻而易举地发现客人身上的闪光点。倘若能做到这一点，您一定会更加享受工作的。

请多多发现幸福时刻。

步骤 2 阅读占卜书，吸收正能量

【增加赞美之词的诀窍】

明日香女士，感谢您送的酒店优惠券。您在信里提到运用上次介绍的赞美方法后受到了客人的一致好评。这也令我欣喜万分。

那么，这次的问题是：词汇量太匮乏，无法将发现之事用语言表达出来。确实，即使发现了客人身上的闪光点，但如果没有合适的词语用以表达，也无法将自己的想法传达给对方。就像我在上封信里写的那样，"赞美之词"少之又少。那么，我将教给您如何扩充赞美他人的词汇量。

看占卜书时阅读与自己毫无关联的内容

明日香女士，您相信占卜吗？星座占卜也好，手相也好，风水也好，读这些类型的书时，有没有看过与自己、伙伴和朋友不相符合的结果呢？

事实上，占卜书是装满了"赞美之词"的宝库。平时，我们只看和自己有关的内容，而且容易只关注自己的缺点和应该注意的地方。我建议稍微转换视角，把占卜书当作"正能量用词大全"，然后再去阅读。

我有一本名为《诞生日大全》［莎菲·克劳馥（Saffi Crawford）、杰拉尔丁·苏利文（Geraldine Sullivan）著，主妇之友社］的占卜书。这本书罗列分析了不同出生日期（从1月1日至12月31日）的人的性格和命运。

顺便一提，我的生日是4月22日，书中是这样描写的："集体的领导者""思维敏捷""机智""有创造性""喜欢华丽""行动胜于言行""擅长表达自我""有幽默感"等等。

当然也有许多消极性描述词，暂且略过。因为我们的目的是扩充赞美他人的词汇量。

思想深刻，话语也深刻

占卜书上写着许多积极向上的词。我们要像遨游书海一般，尽情地学习正能量的词语。

"原来还有'天生的乐观主义'这种赞美之词啊！"——一边表示钦佩一边阅读是最有效果的。

当客人谈起自己蜜月旅行的经历时，如果您的脑海里浮现出"好奢华啊""有创造性""喜欢冒险""平衡感""时代前沿""包容力"等词，想必对话过程会非常轻松有趣。

您的工作是助力他人的幸福。因此请不要局限于"占卜"类书籍，多看可以广泛学习正能量词语的各类图书。不过，有一件事绝对不能忘记，就像我在上一封信里写的那样，"去发现客人自己都不清楚的闪光点"才是重点。请记住，掌握占卜书上的"正能量词汇"只是基础课程，是为了能更加准确地发现客人的闪光点。

令人遗憾的是，社交软件上布满了诽谤中伤他人的恶言恶语，社会上充斥着批判、否定和咒骂的负面语言。所以，赞扬他人的话语才显得尤为重要，能给他人留下深刻的印象。

希望您多多使用优美积极的话语来熏陶自我。

 # 善用沉默突显赞扬重点

【有效运用褒奖语言】

我已拜读您的来信。每次阅读您的信，我都不禁感叹字写得真漂亮，如沐春风。感谢您为我带来这样美好的视觉体验。您在信中提到，您收到回信后立刻购买了占卜书，并进行了实践。阅读来信后，我便知道您肯定认真学习了。

您有意识地使用明朗积极的词汇，让人感觉辞藻华丽了许多。不过，这里又产生了一个新的难题。正如您信中所写，"感觉自己无法融入客户之间的对话""感觉只有自己一直讲话，没有人接话导致冷场"。

重视"沉默"这一赞美之词

为了让幸福的新婚璧人的婚礼更圆满，应该如何有效地运用

赞美之词呢？这个问题极其重要。虽说要重视"发现"，但不一定每次都要去"发现"。占卜书中的正能量词语使用太频繁一定会导致冷场。那么应该怎么做呢？回归婚礼策划人的初心。

马上要结婚的客人正处于最幸福的状态。他们之间或多或少有争执或者吵架，但依然开心幸福。

处于幸福状态的人一有机会就要说话。因为他们特别想向别人分享自己的幸福：他们是如何走到一起的；恋爱的趣事和彼此的性格；两个人今后的打算和对方身上的问题；筹备婚礼的时候，哪些环节忙碌，哪些环节做得不够，在哪些事上闹了笑话……他们忍不住讲话，这并不是件坏事，只是因为处于幸福中的人难免话多而已。

您只需采取一种态度——保持沉默，聆听客人说话。您要记住客人聊天中提到的事情，从而进一步策划出"只属于两个人的婚礼"并向客人提出建议。但是在此之前，不要打断客人讲话，而只需从头至尾扮演听众的角色。这是极为重要的沟通方法。

作家村上春树在40多年前就写道："那个时代似乎极端缺乏愿意听人讲话那一类型的人"（讲谈社）。现在愿意听人讲话的人愈来愈少，如今的时代每个人都想发言，因此才会缺乏"认真倾听的人"。

不只是听，更要认真倾听，这样的人仅凭此点就能让别人相信自己的工作能力。抑制自己想表达的冲动，多倾听对方的声音，仅凭这一点就能看出一个人的器量是大还是小。

不该过分夸奖之处也要赞美

还有一件事,"不要过分夸奖"。

"赞美"其实是一件相当困难的事。说得太多,听起来像在拍马屁、阿谀奉承;如果口气不对,会被认为居高临下地指点他人。

但是,过于抬高对方而贬低自己,又会被认为装腔作势。

不过分吹捧,不谄媚,饱含真心且具体地夸奖认为对方最好的地方,这种态度是必需的。请记住不该过分夸奖之处也要使用赞美之词。

这个技巧无法立刻掌握,所以不要勉强自己。不过,只要想为他人助力,想主动成长,一定能成为让他人幸福的说话达人。一生中的某一个瞬间,您一定会成为这样的人。

明日香女士,您爽朗的笑容能让他人变得幸福,您明媚灿烂的笑容适合祝福他人踏入一段全新的旅程。希望您能灵活运用沉默与倾听的技巧,永远笑颜明媚。

第9章

提升个人话语影响力的技巧

● 咨询者——**藤井小叶（25岁）**

藤井女士读大学的时候，就作为博主活跃在各大平台。她考虑过找工作，但仍然想做自己喜欢的事情，最终决定成为全职博主以维持生计。

可是，在社会上谋生并不是件简单的事。更不用说，现在博主、YouTube视频博主的市场已经饱和。如今的社会竞争激烈，藤井女士为了生存下去殚精竭虑。她每天都被博客的关注人数和点赞数左右着心情。

藤井女士最害怕的是没有"梗"。她已经做了6年博主，自然担心讲的段子太老套，不新颖。宗像先生出版过好几本书，在全国各地做过演讲。因此她向宗像先生讨教在哪里、如何获取段子，怎样才能找到有趣的段子。她担心这或许是"商业机密"，但还是尝试给宗像先生写了一封信。

步骤 1　凝视一点，寻找话题素材

【话题素材的准备方式】

小叶女士，感谢您的来信。我每天都期待着阅读您的博客，还经常浏览您的 Instagram。我买了您之前推荐的"卷笔刀"后才发现不用费力也能把铅笔削得很好。感谢您一直推荐好物。

您的问题是"如何准备话题素材"。其实，我每天也因为找不到合适的素材而苦恼。每天晚上非常焦虑，总是想"明天要是写不出来该怎么办呀"。我没什么能传授的技巧，只能就自己的经验谈一谈感想。

让自己融入风景

正冈子规是明治时期的一位俳句诗人、和歌诗人。除了创作俳句，他还活跃在各个领域，如解说棒球、研究夏目漱石等。然而，正冈子规却患上了结核性脊椎炎，此病的特征是从臀部到后背穿孔流脓。于是正冈子规一直和病魔做斗争，去世2天前他写下了随笔《病床六尺》。他在随笔中写道："病床六尺就是我的世界，而六尺病床对我来说还是太宽了……"对他来说，躺在病床上看到的庭院景色和四季变化皆是素材。

他目不转睛地盯着庭院，观察四季的色彩的变化、植物的生长，随笔把所见所感写成文字。正因为他行动不便，才更容易发现丰富的素材。

我也有过同样的经历。在做完肾癌手术后，我的身体里插着一根管子，动弹不得。

可即便如此，只要一侧头，我就能透过病房的窗户看到对面高中的操场。学生们正在上体育课，隔得很远也能看出来，学生们跑得很零散，伙伴之间玩闹嬉笑，追跑打闹。我羡慕他们健康的身体，特别想抱怨一句："喂，你们这些家伙，好好跑呀。"直到夕阳西下，学生们的身影都看不见了，我依然会目不转睛地盯着学校。

仅仅就是这么一点小事。不过出院后，我发现自己忽然养成了长时间盯着某一点看的习惯。幻想自己置身风景之中，而另一个自己在不远处观赏，就如同透过飘浮在空中的有照相功能的无人机观赏风景，两者大概是相同的心境。因此，幻想让自己变得透明，完全融入景色，就会发现许多不可思议的事物。

向正冈子规学习"凝视一点"观察法

这次向您介绍的是"凝视一点"观察法。

平常我们似乎什么都能看到，又什么都看不到，无法灵活地使用心爱的笔作画。

想不到段子的时候，大脑被"必须想出一个段子"的想法所支配，从而使我们无法注意到眼前的景色和日常生活中细微的变化。

找到一个可以欣赏到外面景色的地方，并想象自己1小时之内无法行动，只能一直在那里眺望风景。其间，不要看手机，不要做笔记，不要在意脑海里的杂念，只是看就行。

素材不是通过"思考""考虑"获得的，而是在"不思考""不考虑"的状态下自然而然获得的。去看、去听、去感受，把时间交给五官，素材自然而然就有了。

请静静地凝视风景。那里一定有您想要的素材。

带着单反相机去旅行

【 收集素材的方法 】

小叶女士，感谢您的来信。我在博客上看到了您在吉祥寺咖啡厅的照片。我感受到您文章的节奏经过调整变得十分缓慢。这次向您介绍完全不同于正冈子规的模式的"素材收集法"。

移动式锻炼语言能力

这次介绍江户时代的俳圣——松尾芭蕉。小叶女士应该知道"闲寂古池旁，青蛙跳进水中央，扑通一声响"这句俳句。日本人听到这句话能想象到一只青蛙跳入了水中，可是外国人却无法理解甚至还会感到愤怒，他们认为日语的意思太模糊了，根本不知道有几只青蛙跳进了水里。这是因为日本人和外国人想象时的思维完全不同。

没错，就是想象力。掌握想象思维最有效的方法就是"旅行"。46岁的松尾芭蕉四处旅行并写下了《奥之细道》。旅行路线从江户到东北[1]、北陆，再到岐阜的大垣，总长为2400千米，换算一下，即每天走10多千米。因此，也有人说"松尾芭蕉其实是个忍者"。

人一旦行动起来，大脑就开始活跃。小婴儿会爬了之后，随着眼前的事物和环境不断变化，其大脑也迅速发育。眼前的风景迅速变化，人的感性意识就会觉醒。作家开高健曾提到"走马观花""骑马赏花"，移动过程中突然映入眼帘的花儿会让人印象更深刻。人们会认为这花儿美丽又宝贵。

前些天，我和一位作家吃饭，他说："我每天都会骑自行车，一方面是为了健康，另一方面，沿多摩川的堤坝骑行的时候，特别容易激发写作的灵感。"当时我羡慕得不得了，之后也立刻买了辆自行车。

的确，在浩瀚的天空下吹着风骑行，大脑会变得异常活跃，以前发生过的事也渐渐地能回想起来。

我们几乎每天都要使用电脑和手机工作，生活中过度用眼。随着远程办公和学习的模式不断推行，人们被束缚在椅子上的时间也越来越长。这种环境下，人们能做的只有上网搜索，查找别

---

1 日本地域中的一个大区域概念。其位于日本本州岛北部，包括青森、岩手、秋田、山形、宫城县、福岛六县。

人写的文章和资料。但是，这样写出来的文字只会让人觉得似曾相识，无法给人角度新颖、话题新鲜的感觉。因此，只收集社交软件和维基百科中的信息是不够的，因为这样的文字无法触动他人的心灵。若想写出扣人心弦的文字，必须做好充分锻炼身体的心理准备。

向松尾芭蕉学习"野外观察法"

我们可以从松尾芭蕉所写的《荒野纪行》中学习"野外观察法"。带着什么去旅行呢？我的建议是带着单反相机去旅行。

您可能会说"要拍照的话手机就够了，因为手机既能拍出好看的照片又方便修图"。事实并非如此，因为拍照的目的不在于此。

带着单反相机的目的并不在于拍照后将其发布在网上，而是确认自己的"兴趣点"。拿着相机走到街上，打开镜头，如果要手动调节焦点，镜头必须得锁定一个对象。

如果镜头对焦到一个人身上，画面其他地方会变得模糊不清。如果对焦到其他物体上，同样的场所在取景器中会呈现不一样的感觉。不断重复这样的操作，你的取舍能力就会提升。"骑马的同时，把焦点放在哪朵花上"，对此倘若能迅速做出决断，便会练就出选择的眼光。

人的感性会随着选择而变化。只有做到有所选择、有所舍弃，才能摆脱循规蹈矩的现状。

　　我也有很长一段时间没有创新的灵感，只能写出感觉似曾相识的文章。就在那时，我看到了一位牙医朋友拍摄的美丽的夜樱。一问才知道是他在家附近的公园拍摄的。那张照片上承载着独属于朋友的美感和樱花的故事，仅凭这些就足够写一篇随笔了。因此我当下就买了相机。小叶女士，您不妨也购入一部相机吧。

步骤 3　一行一评价

【名文、名句用作素材】

小叶女士，感谢您的来信。我看到您已经有了一部漂亮的单反相机。我不知道原来您的兴趣就是"带着相机散步"啊。前几天，您在 note 上发布了附近书店的照片，照片展现了自行车大小街道的生机勃勃，极其富有韵味。

那么，今天让我们抛开"野外观察法"，将书本和资料上的知识用作素材。

将引文转换为自己的文字

在我还是个学生的时候，只要读的书里有喜欢的短文，我就会摘抄在笔记本上。手边没有笔记本时，就摘抄在书的空白处。

不只是画线或贴标签，而是通过"书写"，让身体记住书中的内容。

不过，当各种资料转为电子版后，人们能够轻易地复制粘贴文字。例如，用 iPad 阅读电子书籍，复制粘贴想引用的句子，这看似便利，其实大脑一片空白，对此什么都记不住。大部分名言名句能轻易地在网上被搜到，不知何时起，我开始认为没有必要特意摘抄在笔记本上。然而，这一想法大错特错。

不管是什么，"只要搜索就能找到"的想法产生的瞬间，大脑一下子就会懈怠下来，大脑一旦开始懈怠，便会逐渐退化。我们的手机里已经储存了大量内容，因此我开始认为记住常用话语便足矣，但这对于靠讲话吃饭的人来说是极其危险的信号。

为了解决这一问题，我想出了"一行一评价"的方法。

下面介绍具体做法。例如，"好事不出门，坏事传千里"，您认为这句话说得很好，于是便把它写在笔记本上。但是，这样就能记住吗？只是誊写下来就心满意足了吗？这时，请试着把这句名言换成自己的话。

例如，换个说法："说出的话一定会被散播出去。"口语化后的这句话适用于各种场合。

写出独具一格的短评

不仅如此,我们还需要将名言转换为"素材"。我通常会在"说出的话一定会被散播出去"这句话下面,加上简短的评价。

例如,我写了这样的文章并保存了下来。

> 昨晚,我和同事鹿岛一块喝酒。借着酒劲儿,我说起领导的坏话:"那个家伙只会装模作样。"第二天早上,到了公司,同一个工作组的同事山崎对我说:"你说得没错,那个家伙就是没有脑子,只知道装模作样。"原来我说的话已经在公司传开了!还被添油加醋地加上了"没有脑子"!因此,说出的话很容易会被夸大其词地散播出去。

不仅要誊写名言名句,还要将其转换为自己的语言,并加以评论。评论不必多么高大上。如果对"说出的话一定会被散播出去"加以评论,可以换成自己的说法:"初二的时候,我对一个同学说'我喜欢吉田',全班就立马传开了。"如果对"骄奢淫逸不长久"加以评论,可以换成自己的说法:"太得意的话,一定会遭到报应。"如果自己有相关的失败经历,就记录下来。大体就是这种方法。

反复琢磨他人的话语,直到转换成自己的语言。只要能做到这一点,就能形成自己独一无二的打动他人的语言风格。希望您理解透彻,尽情地引用他人话语。

专栏
宗像洋一郎的读书术

我上高中之后才真正喜欢上读书。那时,在亲戚家看了手冢治虫的漫画《罪与罚》(原作者:陀思妥耶夫斯基),通过看漫画了解了大致的故事走向,感觉自己也能读懂原作,于是购买了袖珍版本。虽然书中的用词晦涩难懂,读的时候难以理解,但好在看过漫画清楚大致的故事内容,心里清楚"现在读到了整个故事的哪个部分",即使好几天不读,再次读的时候也能衔接上。最后我花了半年左右的时间读完了《罪与罚》。

这让我对读书产生了自信,同时总结出一种读书方法:先阅读内容通俗易懂的书。如果想了解什么,第一时间先去找漫画或少儿图鉴,而不要一开始就阅读原版书。我坦率地承认自己不仅无知，而且理解速度还慢，所以我先阅读通俗易懂的版本，逐步过渡到读专业书。

这种读书方法还有一个好处：无论多么晦涩难懂的内容，也能用小学生都理解的话表达出来。只读专业书是无法掌握这项技能的，要培养任何人都能听懂的表达能力。这种读书方法极大程度地锻炼了我的撰稿能力，因此，各个年龄阶段的人都能读懂我写的演讲稿。

制作 B6 卡片书签

只要有能力，我都会自掏腰包买书。对我来说，书就像手账本。我有时候会在书的空白处写一些和内容毫无关系的笔记。如果发现了中意的词句，就会写在书页上方的空白处，然后记住。

努力记住好的词句。无论是什么内容，只要词句本身令你印象深刻就努力记住。这样一来，慵懒的大脑便不再沉睡，时刻处于紧张状态。

诗人荒川洋治曾说："因为阅读，所以思考。"我的理解是："一直读，读到快要背下来的程度，才能去思考和考虑。"当然，不存在那么多让人中意的词句。平均一本书大概有 10~15 个让人中意的词句，最终努力记住的也就一两个。不过这就足矣。

书的空白处不够用时，就把 B6 大小的卡片（"京都大学式卡片"）当作书签夹在书里。看到喜欢的词句就写在白色卡片上。如果卡片不够用就添加卡片。

我们要积极主动地阅读。如果以后想把书转手，尽量小心翼翼地读，不要把书弄脏。但是这只适用于娱乐性的书籍。如果想重读一本书，夹在最后一页的卡片就派上用场了。重读时，便能明白第一次记的一些解释说明和疑惑之处，因此可以比较当时和当下的想法。

读过多少书不重要

人们经常问我："你一年读多少本书？"我认为攀比数量毫无意义。无聊透顶的书读到一半就可以放弃。因此，读过多少书并不重要，重要的是我们要把自己中意、记住并且掌握的词句转化为自己的内容，从而加以运用。我想这才更加重要吧。我们应该关注能否"灵活运用读过的书"，而非"读了书"这一事实。

最近我换了一张床。这张床能够自动调节床板弯曲程度，让背靠得更舒服。晚上，我就把手机放在客厅，只拿书和笔钻进被窝里。最近这段时间，我沉浸在写得浅显易懂的哲学书里，如《哲学和宗教全史》（出口治明/钻石社）、《史上最强哲学入门：东方哲人》（饮茶/杂志）、《对抗无答案的世界之哲学讲座》（冈本裕一朗/早川书房）等。

如今有很多哲学书不再深奥难懂，许多作者开始尝试通俗易懂地解说哲学。当学生或刚步入社会的年轻人找我倾诉烦恼，寻求意见的时候，毫无疑问这些知识能帮助我为他们解答问题。

另外，虽然读得有些晚，但我还是读完了《镜之孤城》(辻村深月/白杨社)。今年，我在一个小学生好书读后感大赛上担任评委，这本书仍然热度未减。我很想知道为什么这本书如此受孩子们的欢迎，就试着读了读。

相较于流行的商业书籍，下一代孩子们喜爱的书本里藏着开启未来的钥匙。为了保持思想与时俱进，我想尽可能多地读一些在初中生和高中生之间受欢迎的书。可是，床上实在太舒服了，我没能战胜困意。

第 10 章

流畅讲话的捷径

● 咨询者——**多贺武（29 岁）**

据多贺先生说，他小学的时候被大家戏称为"沉默君"。虽然他很想反驳回去，可就是说不出来。就这样直至升入高中，他都没能改变沉默寡言的状态。

上大学时，他特意选择了建筑专业。原本以为只要默默地埋头画图就可以了，但是没想到还要做演讲。他不擅长做演讲，因此没能取得好成绩，就进了一个设计事务所。果然不出他所料，领导也对他说："您不说话我不懂啊。"客户也说："请给我安排一个能解释清楚的负责人。"无论他去哪里，所有人都对"沉默君"避而远之。

的确，如今的时代号召力是王道。在多贺先生看来，即使实力不强，但只要能说会道就能赚大钱。有些 YouTube 博主讲话的内容其实是照搬或套用别人的话，但讲话时面不改色，仿佛在阐述自己的意见一样。每当他看到这样的视频，既生气又羡慕。像多贺先生这样笨口拙舌的人，也能在众人面前大方地讲话吗？于是多贺先生给宗像先生写了一封信以寻求帮助。

步骤 1 利用声音掌控场面

【 摆脱沉默的秘诀 】

多贺先生,感谢您的来信。来信内容写得恰到好处,完全不会让人觉得您"沉默"。没关系,您既然有写作能力,就一定可以变得能说会道。

让我们一起思考摆脱沉默的方法。

不停地说出自己的想法

对多贺先生来说,在众人面前讲话之前,首先要认识到"发出声音"的重要性。

我在一个陌生的城市开始独居生活时,身边一个认识的人都没有,一直沉默地生活着。人真是神奇的生物,一旦不再张口说话，嘴巴就会变得越来越沉重，然后变得更擅长聆听自己的心声。

我时隔许久去了一家荞麦面餐馆，走到店里点餐："我要天妇罗。"点完餐的一瞬间我被自己的声音吓到了，心想："嗯？原来我的声音是这样的。"

在思考如何和他人交流之前，首先养成把自己的想法说出来的习惯。

我想告诉您的技巧是"大声地自言自语"。希望您一定要尝试一下这个方法，不要觉得这个行为很傻。因为这个训练可以打破"沉默"。

例如，您泡澡的时候，可以出声说"啊，太舒服了"。吃饭的时候，可以试着表达"好吃""有点咸"。读书的时候，可以抱怨说"看不懂啊"，或者说"原来如此，明白了"。

多贺先生在 Zoom 等远程办公软件里，使用过"聊天框"这个功能吧？如果老师运用这个功能讲课，即使是平时不善言辞的学生也能大大方方地写下自己的意见。我所说的"自言自语"和这个聊天功能如出一辙。

希望您在日常生活中不断地进行自言自语式聊天。

通过寒暄改变与对方的关系

那么，通过自言自语式聊天打破了"沉默"，接下来就是学习如何与他人交流了。不必担心，我先教给您最基础的方法，那就是极致简单交流法——寒暄。

"挨拶"（中文意思：寒暄）一词中，"挨"和"拶"都含有"挤压、压迫"的意思。"早上好"这句寒暄语，其实就是利用声音掌控了当时谈话的局面。

学会利用声音掌控场面。例如，棒球队和足球队在训练的时候，都要不断地发出声音。啦啦队的应援要用声音压制对方。假借字"押忍"一词写作"押すに耐え忍ぶ"（忍耐住压迫），最具代表性。因为要忍耐住对方的声音。

寒暄并不单单是出于礼貌，而是为了掌控所处场面的氛围。

多贺先生平时想来不会大声地和别人寒暄。如此一来，对方从一开始就掌控了当时的氛围，您若在此氛围下与对方商谈、交涉，整个人就会变得越来越沉默，越来越被动。

掌握了自言自语式聊天这项技能后，接下来要做的是：早上起床后就发出声音对自己说"早上好"。

有些禅修大师一起床就会说："喂！主人公！"这便是"处处做主"的表现。说出声是为了确认无论在哪里自己都是主人公。此方法同样适用于打破沉默，因此值得尝试。

另外，试着主动向便利店的店员说"谢谢"。日积月累，嘴巴便不再笨重，渐渐地就能够说出自己的想法。

改变处境：由"被评价的一方"变成"评价的一方"

——【轻松在众人面前讲话的方法】——

多贺先生，感谢您的来信。您在信中提到："我对便利店的店员说了'谢谢'后，店员向我微笑，这让我非常开心。"我看到这段内容也非常开心。寒暄可是经过几千年锤炼而形成的有效交流的手段，我们没有理由不去运用。

那么，我来回答您这次提出的"如何不恐惧他人视线"这一问题。

在陌生人面前"换一张脸"

多贺先生想学会如何在众人面前说话，那么，我们先来思考什么是"众人面前"。

多贺先生最不擅长的，就是在领导、同事、客户等熟悉自己的人面前讲话。因为多贺先生总是认为："部长又会训斥我，说'把想说的话好好说清楚'。""我的属下会嘲笑我，说'我一点都不明白您说的什么意思'。"所以才不敢讲话吧。

但是，希望您仔细考虑一下。部长对您说的"好好说清楚"，属下对您说的"不明白"，都只是多贺先生自己主观的猜想，是您单方面地认为"被……说了该怎么办"吧？

也就是说，多贺先生因为害怕别人的评价，所以才不敢讲话。

如果对方是熟悉的人，敏感的人会设想"那个人一定会给出不好的评价"，从而感到害怕。就像足球比赛的乌龙球一样。

为了克服这个心理障碍，需要去陌生人聚集的地方。

可以是多贺先生感兴趣的交流会，也可以是学习会或研讨会。

去一个没有人认识自己的地方，试着扮演不同于平时的自己。

重要的是，到时穿上比平时花哨的衣服或是戴上平光镜，打扮成另一个自己，还要像电影明星一样扮演"能说会道的自己"。只有这样做，才能摆脱平时"如果被这么说了该怎么办"的想法。

因为对方是陌生人，所以自己就不知道会被如何看待和评价。

带着这种想法混入人群，就能学会主动评价周围的人，例如："什么嘛，大家也没什么了不起的。""这个人还挺不错。"

立场转换：从"如果别人这么评价我该怎么办"到主动评价

不应该想"如果别人这么看待我该怎么办"，而是应该主动出击，主动评价："我是这么看的……""应该这么做。"如果能发言甚至和他人对话就更好了，不过不必着急。

首先要转换想法，重置重点：自己主动地评价，而非别人会怎么评价。这便是我这次想传达给您的要点。

多经历这种事，积攒经验然后回到公司。坐在会议室时，心里要想着"自己要主动地评价"，而非"如果别人这么评价我该怎么办"。这时，您就会发现自己摆脱了战战兢兢、低头不语的沉闷状态。

不要想着"如果被骂了该怎么办"，而是要想"我倒要看看你生气的样子"，那么领导、属下和客户看起来就都不可怕了。只要我们怀着"我倒要看看"的态度，对方反而会产生"如果他这么看待我该怎么办"的想法。

如果能完全扭转处境，那就最好不过了。不必恐惧，只要想着"让你听听我说什么"就可以了。那样便能任意地展示自我了。

步骤 3 多多使用连词

【流畅讲话的"句型"】

多贺先生,感谢您的来信。您在信中说,您立刻就参加了文具交流会,结束之后还和刚见面的人一起吃烤肉,玩得很尽兴。这非常好。

您已不再是"沉默君"了。您或许在某些场合依然"沉默",但是有时也能口若悬河、和他人尽兴交谈了。完全没有必要给自己贴上"不善言辞"的标签。

这次的问题是"想说完整的句子,而不是只说单词"。我明白您的意愿了。

例如,不善言辞的人,只能说出"困"这一个单词,而无法用"昨天晚上熬夜了,所以今天一整天都很困"这一整个句子表达想法。

如果只是小声地嘟囔单词，这和沉默不语就没什么两样。那么今天我想提出一些建议。

说话时有意添加连词

句子和句子之间是怎么衔接的呢？为了明确句子之间的关系，需要添加"然后""但是""因此"等衔接词。

这次的建议是，说话时多多使用连词。这是改掉嘴拙最有效的方法。

例如，试着用刚才提到的"困"一词进行说明。

一提到"困"，脑海中会联想出以下短语："睡眠不足""乏力""无聊""不能下班"……试着用连词将以上短语连成句子。

好困，（因为）今天睡眠不足，（而且）浑身乏力，（所以）感觉工作好无聊，（但是）现在还不能下班。

记住脱口而出的词，按照自己的想法将其进行组合排列，并将词与词之间添加"连词"，这样句子才具有逻辑性。

此外，如果句中只有一个词会显得句子很单薄。因此，需要灵活运用"今天""身体""工作""公司还没"等词补齐整个句子。

此方法不光适用于不善言辞的人，也适用于演讲撰稿人为政治家和企业高层撰写讲稿的情况。撰写讲稿时，我会有意地使用"而且""但是""因为""另外""例如""总之"等连词。如此一来，整个事件的来龙去脉便能清晰地呈现。

运用丰富的连词串成一个故事

我通过修改孩子的作文发现，作文中的连词越多，感染力就越强。

如果记住了"果然"这个连词，就可以用这个词表达自己回归原点时的心情。例如："旅完游回家了，（果然）还是自己家最好。"充分表达了"金窝银窝不如自己的窝"的心情。

如果掌握了"但是"这个连词，就可以将其使用在一些突发戏剧性情节的场面。例如："吃便当的时间到了，但是，我没法吃，因为妈妈忘记放筷子了！"

如果能游刃有余地运用连词，讲话内容自然会变得生动有趣。

当然，如果乱用连词便会让人觉得讲话不成熟，所以非必要不乱用。

"我一直被戏称为'沉默君'，（并且）大家都瞧不起我。（但是）我要做出改变，因为我有了喜欢的人。"

删掉括号中的连词，句子意思是不是就更加清晰明了了？

因此，我们要有意识地使用连词串联单词。如此一来，就能说出完整的句子，也能帮助我们更有逻辑地进行思考。请您一定试一试。

第11章 令对方心情愉悦的反驳法

● 咨询者——山末爽介（33岁）

山末先生在一家汽车公司从事设计工作，他和直属领导的关系一点儿都不融洽。

他的领导也是一名设计师，其能力的确值得敬佩，不过他沉迷于自己过往的辉煌无法自拔。每次山末先生反驳领导时，他的领导就会摆出一副"就等着你来反驳我呢"的样子，然后便开始自说自话。

山末先生表示自己没能驳倒领导，悔恨地睡不着觉。他说："我有时也会意气用事，说出让对方讨厌的话。其实，我上大学时就喜欢正面反击他人，为此吃了不少亏。是时候学会机智高效的反驳法了。"

有没有一种方法，可以打动思想固执、坚持己见且不听取别人意见的人，从而让自己的观点被顺利接受呢？

希望宗像先生挑战一下这个难题。

步骤 1 碰撞出思想的火花

【巧妙反驳的技巧】

爽介先生，感谢您的来信。您想知道"如何巧妙地反驳他人"，我明白您的问题了。您可以在信里写下自己的想法，只要有"反对意见"随时可以提出来。

总的来说，日本人不擅长反驳他人，因为日本人总会顾虑："如果我提出反对意见，会不会破坏现场的氛围？"在我看来，主要原因在于"反驳"这个词。

通过讨论协商，展开激烈争论

在字典上搜索"反論"一词，其注释为：反驳对方所有的意见。也就是说，从一开始就"反对"对方的意见。

无论谁说了什么,"反驳";无论谁又说什么,也"反驳"。这根本称不上是讨论。那么今天向您介绍一个能打动他人的方法——放弃"反驳"的说法,改用"争论"一词。

"我要反驳你的意见"与"对于你的意见,我要提出异议"这两句话的含义完全不同。"思想碰撞"一词的专业术语表达为"讨论协商"。如果相互碰撞意见,双方有可能在更高的层次达成意见一致。

之前我去希腊游玩时,看到一群男人大白天聚在咖啡馆气汹汹地朝彼此讲话。在我看来肢体冲突一触即发,可是当地的希腊人却告诉我"他们在讨论",这让我大吃一惊。那群人像古希腊的哲学家一样激烈地讨论着,因此场面看似剑拔弩张,但其实所有人的关系都很好。"讨论协商"的论战热火朝天,所有人都乐在其中。

重要的不是驳倒对方,而是为了得出更好的结论。因此,希望爽介先生能意识到:"思想碰撞"比"反驳"更重要。

打破僵局的表达方法

那么,碰撞思想时,重要的是什么呢?是始终保持中立的立场。

爽介先生听说过"定位式谈话"一词吧,即根据自己的立场发言。自己看似信念坚定，但在讨论结束得出一个新的结论时，就会变得摇摆不定。

站在中立的立场，考虑"现在这一瞬间，我认为什么是正确的"，然后随机应变。

不要抱有"那样的话，我就失去自我了"的想法。因为"自我"存在与否本来就是由他人而非自己决定的。

始终保持中立的立场，虚心坦诚地接收全新的数据和事实，最终让自己的意见和他人的意见相互碰撞。这便是具有创造性的讨论过程。

因此，希望您能记住"原来如此……但是……"的说法。如果对方反驳您的意见，先说"原来如此"，再去理解对方所说的内容。之后，指出对方的意见中自己无法接受的部分，其后阐述自己的意见。

这是一个著名的"Yes-But 定律"。因此，如果对方也了解这个定律，那么使用时就会被对方看穿："啊，原来你在使用 Yes-But 定律同我讲话。"所以，为了不让对方看穿，把"但是"的部分换成肯定式的表达。例如"我有些不明白的地方""我也考虑过这一点"等。还有一种做法是：不要让别人明显地感到"但是"后接的是表否定的内容，要用"因此"去表达自己的意见。

能言善辩的人擅长用多样的词汇向对方阐述自己的否定意见。请爽介先生也试着研究一下。

步骤 2　欲驳倒则不达

【 不会被驳倒的技巧 】

爽介先生，感谢您的来信。您在来信中提到："我的领导不吃'碰撞思想'这一套，即使自己主动想协商讨论，对方也能毫不在意地单方面讲个不停。真是伤脑筋啊。"那么，今天我将教给您"控制对方讲话势头的方法"。

战胜强大对手的四大诀窍

① 提问

不停地"提问"对方。不管是多聪明的人，说得越多，说话内容必然会出现意想不到的矛盾。因此，可以抓住矛盾之处，再次向对方"提问"。讲话者本人肯定也会意识到"说的好像有点矛盾"。连续提问不停地让对方讲话，让对方主动意识到说话内容自相矛盾。如此一来，对方就不会继续胡言乱语了。

② **打断节奏**

和对方保持同一个说话节奏和相同的停顿间隔，其实是有利于对方说下去的。东京人吵架的时候，吵得天花乱坠，就是因为双方保持着同一个节奏和音量。明明是在吵架，但是双方都沉醉在节奏中，心情愉悦。可是这绝不适用于反驳他人的场合。只要是"反驳"就要先发制人控制住对方的节奏，不能被对方的节奏带偏。

时刻把"慢慢地讲话"记在心上。留出充分的停顿间隔，向对方展现出"我在考虑，正在斟酌用词"的态度。

③ **增加己方人数**

若想压制住对方的意见，就要让更多人成为自己的伙伴。试着在心里小声默念"这不是我一个人的意见"，之后再给出自己的意见。

例如，领导说："公司决定做 B 方向的项目，事到如今你还抱怨什么？"对此您可以小声抱怨说"这又不是我一个人的意见"，然后用客观的数据和信息反驳他，例如："据我所知，不光 A 部长和 D 部长反对，近七成的员工也都反对。"

④ **阐述采纳己方意见后的好处**

如果穷追不舍，可能会招致对方的怨恨。为了避免这种情况的发生，先阐述采纳自己意见后会带来什么好处。

拿刚才的例子来说,您可以说:"如果现在回头继续做 A 方向的项目,首先能确保充足的人手并且能取得 A 部长和 D 部长的支持。如果您现在做出决断,我们立刻就行动。"切记要让对方产生"我来做决断"的想法。

打乱说话节奏,关注内容本身

总结一下:

① 提问对方,促使对方不停地讲话。从其讲话内容中发现矛盾点。

② 打乱对方的讲话节奏,压制其说话势头。

③ 明确"这不是我一个人的意见"的立场。

④ 向对方传达采纳己方意见的好处,给足对方面子。

话语中的"语气"指讲话时的气势。有些人固执己见,为了不接受他人的意见故意加强说话的语气,通过施加话语的压力在对话中占得上风。爽介先生绝不能屈服于对方施加的压力。

活用这个技巧制止对方没完没了地说话。不要被对方的气势所压倒,而要始终关注讲话内容本身。如果只关注讲话内容,就会发现对方一直在重复同样的内容或者意识到对方想用气势压倒自己。

若想在商业的世界里生存下去,必须要让对方生出"这个家伙真难搞""不好对付啊"的想法。变得强硬、强硬更强硬一些吧!

步骤 3 大声呐喊"去学习"

【被反驳时的应对法】

爽介先生,感谢您的来信。您似乎已经尝试着打乱对方的讲话节奏,并以"这不是我一个人的意见"的态度尝试与对方交流了。如果能让领导觉得"最近山末这家伙变得强硬起来了呀",那么您的行动就非常成功了。请您继续加油。

那么,今天的问题是"被反驳时该如何去还击"。对方反驳自己时,应该采取何种对策呢?

消除烦躁的方法

爽介先生在信中写道:"只要一被反驳,我就会很生气。"我非常理解您的心情。

每个人都是一样的反应。我被人反驳的时候也十分恼火。即使对方的意见再怎么正确，我也无法坦诚地接受。

那么，应该采取什么对策呢？这里向您介绍书中的一种说法。村上春树的处女作《且听风吟》（讲谈社）中有这么一种说法："只要我始终保持事事留心的好学态度，即使衰老也算不得什么痛苦。"

我大学一年级的时候看到这句话受到了巨大的冲击。当我领悟到"无论是自己讨厌的事，还是受到欺骗、遭到误解的事，我都可以从中学到东西"时，整个大学生活，不，可以说我的整个人生都发生了翻天覆地的变化。

自那之后，我也曾多次感到愤怒恼火。因为有些人总会满不在乎地招惹他人，也有些人总是偷偷地背叛他人。每当这时，我都会告诉自己"从任何事中都能学到东西"。

以下是我的建议：为了不让自己感到烦躁，在内心大声地呐喊"去学习"，这三个字可以抑制住自己愤怒的情绪。

被反驳时，最重要的是抑制住自己内心涌起的负面情绪，放下廉价的自尊心。

特意整理对方的意见

那么，我们来思考如何去回应对方的反对意见。

首先冷静地倾听对方的意见，然后自己消化理解。

"我明白了。你现在说的是这么一回事吧。"整理对方的意见,然后大声地告诉对方。

一旦别人整理自己的发言并将其表述出来,人就会变得积极肯定,心情也会变好:"没错,你听得挺明白呀。"在这之后,就可以阐述自己的意见了。

① 抱着"学习"的心态,倾听反对意见。

② 用自己的话整理反对意见,传达给对方。

③ 阐述自己对于反对意见的想法。

请记住以上整个流程。

讨论最初的目的是解决问题,因此人和人之间进行话语和思想的碰撞,才能创造出富含深意的话语和想法。

当被反驳和批判时,一定要忍住,不可以感情用事。这时试着一边安抚对方的情绪,一边逻辑清晰地阐述自己的意见。我相信爽介先生一定能掌握这个能力。不要输给领导啊!

第 12 章

提升「说明力」，令众人认同

● 咨询者——**浅间翔太（33 岁）**

浅间先生是个一丝不苟的人。如果被告知"还有一会儿就到达目的地"，他就会在意"一会儿"到底是 1 分钟还是 5 分钟。如果别人告诉他"这次以微弱之差输掉了宣讲"，他就很想知道"与优胜方相差几票"。浅间先生从小就特别喜欢数学，是一个典型的理工男。他坚信，人与人之间的交流要想更加顺畅和谐，必须精确地运用"数据"。

然而，公司的同事却评论他："这家伙的话虽然准确，但是一点都不有趣。"明明宣讲时引用了准确客观的数据，却被领导嫌弃："你光罗列数据，我怎么可能看得懂。"

浅间先生表示："大多数人只会表达情绪。比如，感动到落泪，令人刻苦铭心等等。而我运用数字、数据准确传达事实，利落地完成工作。那种只诉诸感情的表达方式，已经过时了。"

那么，对于浅间先生的这一主张，宗像先生会如何回应呢？

步骤 1　运用数字和感情讲话

———【 向不擅长理解数字的人说明数字的方法 】———

翔太先生，您好。我已拜读了您的来信，个人认为您的想法没有错。

数字具有说服所有人的力量

我在纽约做过广告剪辑的工作，主要在现场做画面色彩校正。那时，日本的影像导演对美国的剪辑师说"能不能去掉一些红色？"结果剪辑师回头问我"要除去百分之多少的红色？"

这也因为彼此之间存在着文化的差异。如果生活在一个所有人在温酒时用皮肤感受温度的国家，那么我感觉大家生活中的许多事不靠数据而只依靠经验就可以口口相传了。

但是，这迟早行不通。如果工作需要接触不同的人，那么数字的具体性会更重要。如果想让不同的人脑海中留下相同的印象，数字的作用就不容小觑。

不同的人对数字的敏感度天差地别

那么，让我们一起思考应该如何说明数据，才能让他人欣然接受。

世上并不是所有人都像翔太先生一样擅长理解数字，对数字敏感。有些人光是听见数字就头疼。

我也是其中一员。即使别人拿来一个数据让我看，我也看不懂。

翔太先生和我对数据的理解程度，也就是在数据领域的知识储备和运用能力其实有天壤之别。

请从语言角度而非数字角度思考

假设翔太先生精通法语。我只知道"Bonjour"（您好）这一句法语，所以就算翔太先生给我一本法语书，让我去理解书中的内容，对我来说也是难以实现的。因为数据切实地反映出不同人的敏感程度。

听起来有趣的表达方法

我想让翔太先生看一看华尔街出身的投资家——高桥丹的 YouTube 视频。

他会在视频中运用各种数据解说当天的股市等金融热点。而我不太了解金融方面的知识，因此对其中很多内容都难以理解，但每天都看得津津有味。这是为什么呢？

因为高桥丹的话术技巧十分高超。他每次谈到数据都会运用具有感情色彩的词，例如："爆炸性的新闻！巨大的新闻！""我都吓了一大跳！""接下来，股市将暴跌！"

如果高桥丹说"这一点很有意思"，我就很想去倾听和理解。正因为对方情绪饱满地说明数据，尽管我对数字不敏感也会每天收听。这样每天坚持听，我就能逐渐从高桥丹的语气中辨别出来今天股市的行情。

当然，说明数据时，必须持有客观的立场。但是翔太先生是一名商业人士，如果想让别人按照自己的想法行动，那么向自己想实现的目标投入感情是不可或缺的。

如果要让他人行动起来，"有感情地说明数据"是必不可少的。

"仅有 5 分钟就到达目的地"的表达比"5 分钟后到达目的地"更加容易让对方感觉"离得真近"。听者希望听到的不只是客观的数据，还有翔太先生对于数值的感受和意见。希望您谨记这一点。

仅用数字就能顺利与他人沟通的方法就是"有感情地表达数据"。只要按照这个方法做,您也一定能成为像 YouTube 博主一样的"数据魔术师"。

在 数字和情感的基础上增加信任

———————【让对方信任数据的技巧】———————

翔太先生,感谢您的来信。高桥丹的视频很有趣吧,那便是利用数据说话的范本。那么,这次的问题是"即使提出准确的数据,也无法让别人相信"。我将尽力为您解答。

2020年是人们逐渐开始不敢信任"数据"的一年。新冠疫情席卷了全世界。在美国,已经有40万人(2021年1月)因患新冠肺炎去世,很多美国国民都怀疑"新冠疫情的统计数据是虚假的"。

同年美国迎来总统大选,也有许多国民怀疑投票数据是虚假的。即使投票数据被公布出来,但人们根据数据来源、发表者的身份和立场、社会分裂情况等因素,怀疑数据是伪造的。这便是美国当下的社会现状。

如此社会背景下，各种各样的人在网络上扩散有利于自己意见的数据，让人琢磨不透哪些是事实、哪些是虚构的。因此，不管翔太先生发表的数据多么准确，对结果不满的人总会漠不关心地说"这样的数据不可靠"。真是令人悲哀啊！

不过，这并不是只有不好的一面。相对而言，只要看到数据，就不加怀疑立刻全盘接受的情况更为反常。如今的时代真是复杂啊！

准确说明数据的来源

那么，该采取什么对策呢？我们来看一看哲学家亚里士多德的辩论术。

亚里士多德认为辩论中最重要的是"逻辑""情感""信任"。如果把"数字"当作"逻辑"，那么上次提到的"数字＋情感"相当于"逻辑＋情感"。

亚里士多德认为还有一个重要因素是"信任"。

人们根据数据来源、数据获取方式、人数、时间、对象以及分析方法去判断能否"信任"。单是大致思考一下，就能联想到许多内容。除此之外，"说话者是谁"也是获取信任时的一个重要因素。

如今，大家看到数据就一口断定"这样的数据不可靠"，然后在网络上搜集对自己有利的数据。所以"信任"才要发挥作用。

那么如何运用打动人心的语言呢？方法是"数字"+"情感"+"信任"。

何时、何处、由谁、如何调查分析得出的数据呢？权威专家和精英如何看待这个结果呢？请在宣讲之前，详细阐述信息以获取"信任"。

"大而易懂"是铁律

心理咨询师 DaiGo 在谈话时，通常会先说清楚数据来源再讲述具体内容，如"宾夕法尼亚大学 2017 年进行的一项研究表明"等形式。

翔太先生最好也养成这样表述的习惯，明确地向听众表示，我并不是只从网上收集对自己有利的内容来完成我的宣讲的。

制作投影资料时，不要在图标下方用小字体标注调查内容，而是要在另一张纸上用大大的字体注明数据来源。这份魄力和自信会成为削弱对方攻击势头的力量。

今后世界将持续改变，如果翔太先生想以"数据"进行表述，除了掌握数据的"理性"外，还要掌握情感的"感性"以及信任的"特性"。

请将"数字"+"情感"+"信任"作为一套组合去考虑问题。现在就开始学习亚里士多德的辩论术吧。

步骤 3 尝试站在他人的立场

【令对方认同的诀窍】

翔太先生，早上好。感谢您早上就发来了邮件。

您在邮件里提到："我不擅长带入情感讲话，也不擅长获取他人的信任，所以我决定朝着仅凭'数据'就顺利沟通的方向发展。"我明白您的想法。因为我不擅长运用"数据"讲话，因此与他人对话时只运用"情感"和"信任"因素。文科生也不容易啊。

您今天的问题是"如何让对方喜欢上数据"。首先，我们聊一聊苹果的创始人史蒂夫·乔布斯。

据说，他看到宝丽来创始人埃德温·兰德的名言"站在文科和理科交叉点的人具有巨大的价值"后，决定自己也要成为这样的人。

现如今这个时代正需要我们"站在交叉点"上。

站在价值观和价值观的交叉点上

文科和理科是如此,其他领域也是如此。不同年龄、地域、性别的人,以及生活在不同环境的人、有贫富差距的人、正在育儿和护理病人的人、海外长大的人、网络弱势群体、患有各种疾病的人……形形色色的人持有多种多样的价值观。

像美国这样多民族聚集的国家,单从人的外观就能看出差异。然而日本是一个民族结构相对单一的国家,因此日本人容易误以为每一个日本人都和自己持有相同的价值观。

但是,如今的日本是一个聚集了多种价值观的"价值观多民族国家"。坐在您身边的人与您拥有不一样的价值观,如果没有这种意识,无论是用数据还是用其他什么方式说话,都无法说服他人。

如果真的想说服对方,那么翔太先生也应该站在价值观和价值观的"交叉点"上。具体而言,您会产生"原来如此,还有这么多不同的思考方式啊"的想法。

一个人只有摆脱自身的价值观,冷静安心地站在与其他价值观的交叉点上与他人对话,才能让对方接受自己的意见并达成共识。

那么,应该如何做呢?

坐在对方的椅子上思考

这是我为政治家撰写演讲稿时的做法。有时,一个候选人指明我为稿件撰写人。之后,与他对立的候选人也会要求我写演讲稿。

但是,我不会刻意考虑双方的对抗关系,而仅仅是以一个被委托的撰稿人的身份去撰写演讲稿。这就是"坐在对方的椅子上"思考的表现。为了创作出打动人心的演讲稿,这一重要观点不可或缺。

如果翔太先生也想利用"数据"说服他人,就要站在反方的立场上反复推敲否定"数据"的演讲稿。

如此一来,您就会发现自己的不足之处,同时注意到对方的反论中有自己没预想到的内容。

只要站在自己与反方的交叉点上,就能发现打败对方以及不对立也能被接纳的方法。

如此一来,只要充分理解了对方的想法,您就会在深思熟虑后做出成熟的决定。"知己知彼,百战不殆"是《孙子兵法》的精髓。

如果翔太先生只是一个劲儿地叹息"那家伙什么都不懂",那么情况不会发生任何改变。改变事态的方式不是拔刀霍霍指向对方,而是坐在对方的椅子上主动思考他的主张。

明白对方的主张后,请您运用逻辑、情感和信任说明自己的意见。您对"数字"敏感是一大优势,通往未来的大门正在向您敞开。祝愿您早日成功。

专栏

宗像洋一郎的线上活跃术

受新冠疫情的影响,线上会议和教学已经趋向常态化。幸运的是,早些时候技术专家给予了我一些建议,如今 90% 的工作我都可以在线上完成。下面,我将介绍一下我的线上活跃术。

将自己的家打造成线上工作室

"请购买大型显示屏、专用摄像头、头戴式耳机和照明设备,把自己的家打造成一个线上工作室。"

当社会各界还在犹豫要不要实施线上办公和教学时,我就收到了从事 IT 行业的后辈的一封邮件。邮件里标注了需要购买的设备及型号。

邮件里还提到:"今后,远程办公和教学将成为主流。如果使用手机或者笔记本电脑,摄像头只能拍摄到面部,如果随意地设置镜头,可能只能拍摄到鼻孔,这样很容易导致接不到工作。"

这的确是十分中肯的建议。于是,我买齐了所有设备,还在专门的线上办公区摆放观赏植物当作画面背景。

说话时应该看向哪里

拉远摄像头,确保他人能看到自己的上半身。线上交流相较于线下交流获取的信息量少,因此可以借助手势增加说服力。一位正在求职中的大学生给出的建议是:"如果大屏幕上只显示自己的面部,就会让别人轻易地看出自己的焦躁和不安。"

问题在于视线。如果屏幕上同时显示出自己和其他许多人的脸,视线会不由自主地只盯着一张脸看。

后辈给我的建议是:"如果使用 Zoom,就把切换全屏模式的悬窗移动到镜头下方。这样视线会更贴近镜头。另外,可以在摄像头旁边放朵花,让摄像头更显眼。"我就在摄像头旁边放了最喜欢的史努比玩偶。

宣讲过程中偶尔看一下镜头,强调内容时身体往前倾;信息不充分时,用肢体语言和手势加以补充。

我给小孩子们上网课的时候,他们的动作令我大吃一惊。孩子们不光点头的动作大,有同感或者被感动时,还会挥舞双手。挥舞双手在手语中是"掌声"的意思。孩子们通过手舞足蹈来反映自己听课的情况。我从他们身上学到了利用手势和动作回应对方的方法,并且加以运用。相较于面向大人的线上教育,面向孩子们的课程似乎开展得更加顺利。

10 分钟为一个讲话单位

不过线上办公总会让人感到疲惫。真实的对话属于三次元,而电脑显示器是二次元且屏幕分辨率还不清晰。我们要在这样的条件下展开真实的对话。面对信息量不足的发言内容,大脑做出"一定是这样"的推测,于是过度用脑从而导致身心疲惫。

尽管众说纷纭,但是人们普遍认为大脑集中注意力的时间只有 10 分钟。

因为线上工作需要一直盯着电脑屏幕,不论一个人再怎么强撑着也只能坚持 10 分钟。即使借助 PPT 讲解也要将时长限制在 10 分钟以内。如果继续讲解,要先和听众沟通再开始。例如,可以说"先讲到这,大家有什么问题吗?""大家有什么意见吗?"等等。

如果条件允许,请一个调节对话气氛的协调者,相当于足球运动的中场球员。因为聊天栏里的回答太多,讲话者实在看不过来。如果有人设计会议和讲课的整体内容和流程,那么举办方和参加人员都会集中注意力聆听。平时的会议中只要有担当协调者角色的人,线上会议就能顺利召开。

　　如今线上教育仍处于过渡发展时期,支持线上教学的技术更迭日新月异,我现在写的内容说不定已经落伍了,希望自己能紧跟瞬息万变的技术步伐。

第13章 既畅所欲言又不会树敌的三大奥义

● 咨询者——**日吉庆子（36 岁）**

　　日吉女士就职于一家制药公司。生性内向的日吉女士，总是很在意周围人的眼光。不管是同事还是"妈妈圈"的人际关系都令她感到棘手。日吉女士虽然有时候会认为"那种想法太奇怪了""我不想那样做"，但是又顾虑到可能因为自己的一句话，孩子会遭受欺凌。在孩子面前，又不可能不和"妈妈圈"的人来往，故而承受着巨大的心理压力。

　　日吉女士深知，如果说出自己的意见，可能会有人出来反对，所以不想无缘无故地树敌。她在社交平台上做评论时，也会慎重地选择用词。但长此以往，自己便也只会说一些无关痛痒的话，所以她很焦虑。

　　她想畅所欲言，但又不想被人讨厌。所以，日吉女士向宗像先生求助，有什么方法可以让自己既畅所欲言又不被人讨厌吗？

步骤 1 写肯定句，说肯定语

【 说话不被排斥的方法 】

庆子女士，感谢您的来信。看到您描述的和"妈妈圈"的人的交际情况，我对您的处境深表理解，的确会让人感到郁闷。请记得保持充足的睡眠和深呼吸。

"如何写出不会树敌的文章"，对此我并没有确定性的诀窍。如果是性情合不来的人，无论你说得多么完美也会被抓住小把柄，进而被批评。因此，我们不奢望做到完美，但还是需要稍加注意。

同样的内容，不同的表达方法

这次向您介绍的方法是"一直有意识地写肯定句，说肯定语"。家长在教育孩子的时候经常这样说："再不快点，上学就迟到了！快点！""现在出门，还赶得上去学校！抓紧！"两句话表达的是同一个意思，但给人的感觉却截然不同。

前一句话是否定句，是不是给人一种悲观的感觉？仿佛居高临下俯视着孩子。后一句话是肯定句，让人感觉是来得及去上学，有成就感，而且能感觉到说话人在一旁支持自己。

像我一样写稿的作者身边都会有相应的编辑，他们负责检查稿子内容和安排日程。他们不会说"如果××号再不交稿，发售也会推迟"，而是说"如果××号之前能写完，就赶得上发售日期。我期待着您的稿件"。

同样是在告知作者截止日期，但后一种表达方式让人感觉编辑在一旁陪伴，还给予了我们鼓励。让人涌起"好，写吧"的干劲儿。因此，稍稍用心，便可以改变他人的心境。

心里只会留下对动词的印象

为什么说肯定句不会树敌呢？是因为人的内心只会对动词留下印象。拿刚才的例子来说，"再不快点，上学就迟到了！快点！"此句中只有"迟到"一词才会在说话人和快迟到的人心里留下印象。又如，"现在出门，还赶得上去学校！抓紧！"一句中，"赶得上"一词会停留在人们记忆中。

如果您说的都是否定语，如"赶不上""不能顺利进行""毫无进展"等，只会让对方对您留下消极的印象，同时这些消极的词语也会积累在自己的脑海里。

如果想构建良好的人际关系，就要有意识地使用肯定性词汇，尤其是动词。

那么，否定词就毫无用武之地了吗？并不是。

例如，当孩子试图进入不允许进的庭院时，对他说"不允许进入这个庭院"才又快又有效。总有一些时候，无论面对什么样的人，我们总要强硬地表达。

如果您平时的说话方式就是积极式的，突然气势汹汹地发火说"不要进去！"那么孩子肯定会想："妈妈平时那么温和，现在却发了这么大的火。看来这是很不该干的事。"所以要灵活地运用否定词。

 # 不在文章中透露负面情绪

——【 写出有正能量文章的方法 】——

庆子女士，感谢您的来信。您在信中提到："我翻了一下自己写过的文章，发现自己用了非常多的否定词。"大多数人都是如此。感觉否定词更能给人带来强烈的冲击感。另外，如果文章的作者容易担心或者焦虑，为了突出自己的情绪就容易频繁地使用否定词。您要注意这些。

那么，让我们继续讨论，深度挖掘"写出有自制力文章的方法"。

文章中的消极恶意

庆子女士应该也听说过"晚上写的信不要寄"这句话吧。

一到晚上，人的自制力就会下降，无法抑制高涨的情绪。等到第二天早上恢复精力时重读前天晚上写的信，就会发现内容写得也太自以为是了，情感处理得太粗糙了。

可以把这种感觉也应用到日常写文章中。

有时读了别人发来的邮件会火冒三丈。于是在回信中加入一句指责或讽刺的话，也是人之常情。

在别人的评论区底下评论时，会不自觉地想要吸引他人注意，满足自己被认可的欲望，于是便过于展现自我。我也经常这么做。这些文字都是人们在失去自制力的状态下写的。因此，投稿之前，请带着早上起床后重读一遍的想法，再浏览一遍自己的文章。

自己是不是主动挑起了无谓的"战争"？写的内容是不是超出了自己的知识范围，显得在故意炫耀呢？

这次想告诉庆子女士的就是这一点。重新阅读自己的文章，检查文章中是否有"负面恶意"，包含情绪化、讽刺、自夸、夸张的话语。然后删去这些内容，换成有正能量，积极向上的内容。

我不认为庆子女士会写出如"杠精发言"那样的文章，说一些自恋或充满偏见、刁难、煽动、谩骂的话。但人是脆弱的，即使觉得自己不会写这样的内容，遇上心情不佳，说不定有一天也会写出这样的内容。

最重要的是，写完后要重新读。最少读 3 分钟，之后再发出去。

文章附加积极情绪

那么,如何写出令人有好感的文章呢?那就是把积极情绪,如"高兴""开心""有趣""好吃"等写进文章。

不是只说"高兴"的套话,而要运用积极、多样的表达,如"心情开朗""心情激动""忘却了时间""振奋人心""打起精神""豁然开朗"等词语。运用这些词语,文章就会摇身一变,成为受人欢迎的文章。

例如,可以这么写:"感谢您的来信(而不要写:一直没收到您的回信,我非常不安),您最近似乎非常忙碌。刚收到您的来信,我的心情一下子就明朗起来了。"

中天敦彦开设了一个"YouTube"频道,他在讲课时经常会说"真有趣啊""是不是很有趣"等。听者也会受到感染认为"确实很有趣"。这个技巧在潜移默化中就改变了人的想法。

请仔细确认自己写的文章属于哪类文章,并根据实际情况进行改进。

自我约定与对方的接触方式

———————【无压力地与他人相处】———————

庆子女士,您的来信内容非常好,使用的全是肯定句,让人感觉心暖暖的,谢谢您。

可是,正如您所写,自己怎么绞尽脑汁地思考如何写出"肯定句""正能量的文章",可还是有人无法理解自己的内容。如果是社交平台上别人的评论,可以直接无视或者删掉,但如果是现实中的人际交往,就无法做到无视或者删除。接下来让我们一起思考"和讨厌的人的相处方式"吧。

只要宽恕就不会受伤

生活中总有一些人怎么都合不来,例如,公司里趾高气扬地指责您的领导、不得不维持表面关系的"妈妈圈"等。为了不让这些人成为我们的敌人，应该怎么样去写文章或说话呢？

我们要做的第一件事就是放下厌恶对方的想法。用宗教语言来说就是"宽恕"。如果放不下，也可以暂时搁置。

即先放下"我绝对不能原谅那个背叛者"的心情，沉下心来，宽恕对方。或者暂且搁置这份心情。倘若不这么做，无论是写文章，还是说话，厌恶感都会再次涌上心头，变得更加强烈。那便是浪费时间，而且对自己的身心健康也有影响。

诀窍是站在那人的家人、父母和朋友的立场上思考。如果站在他们的立场上，就会以常人没有的视角理解他的心情。抑制怒气最合适的情绪便是"怜悯之情"，即可怜对方。

"这个人一定还有家人，真是可怜！"只要这么想，便能释然，做到宽恕。

总之，为了不再与之为敌，需要从厌恶的情绪循环中抽离出来。

划清界限

下一步就是，制定与他人的人际交往规则。

不喜欢对方一定是有原因的，如被诬陷、被追问隐私等。只要回想往事，就会想"不会再和那个人说任何隐私的事情了""写文章时，被背叛了也要在文章内容里留下证据"等。因此，一定要约束自己注意与对方的接触方式，划清界限。

我经常使用一种方法就是写文章时引用对方曾说过的话，例如"就像您之前说过……一样"。写文章时引用对方的话，对方就不敢随便进行批评了。

您只需要按自己制定的规则采取行动，遵守与自己的约定。如果出现了新状况，就重新制定规则，多注意说话方式和写法即可。

我们总觉得"只要说了对方就能明白"，可社会的交往并没有那么简单，因为每个人的价值观、善恶、好恶、得失观都是截然不同的。请记住，不可能让所有人都喜欢自己写的文章和自己的说话方式。

我们需与对方保持恰到好处的距离和规则。我认为，制定并遵守与他人之间的距离和规则，写出的文章才会赢得许多人的好感。

因此，从今天起务必试一试，衡量与他人之间的距离，并遵守自己制定的规则。

第14章 冲破自我束缚 果断拒绝的诀窍

● 咨询者——**宇佐美麻菜（29 岁）**

宇佐美女士在一家报社做合同工，一年之后，她完全适应了工作内容。因为和之前的公司一样都是做"会计岗"，所以在理解了系统运作与之前的不同后，接下来的工作对她来说就易如反掌。

问题在于人际交往。即使已经到了下班的时间，同事还会跟她说"抱歉，把这个做完吧"。明明自己带了便当，但是被同事邀请一起去吃午饭，她也不知道怎么拒绝。另外，她害怕被人私下说她不好相处。回想起来，她在前一个公司也是因为不敢拒绝，所以才变得讨厌去公司上班。

她想拥有拒绝他人的勇气，所以读了许多相关的书，但最终还是没有付诸行动。宇佐美女士认为自己从小在严厉的家庭环境中长大，从来不敢和父母顶嘴，所以才形成了不敢拒绝的性格。

宇佐美女士想学会表达的词只有一个，那就是"不"。于是，她向宗像先生询问如何拥有"拒绝的勇气"。

步骤 1　从小事做起，尝试展示不一样的自己

【 如何拥有拒绝他人的勇气 】

麻菜女士，非常感谢您的来信。因为不敢拒绝别人，做了自己不愿做的事情。这大概是因为日本充斥着"同调压力"[1]的氛围吧。

人们将"拒绝"视作是任性、冷漠、傲慢、高高在上的行为，被拒绝的人却到处哭诉自己是受害者。其实，无论在职场还是在学校都充斥着这种现象，可见社会还是蛮复杂的。

那么，这次的问题是"自己内心脆弱，如何培养敢于拒绝的勇气"。那让我们一起思考如何解决这一问题吧。

---

1 "同调压力"指在特定的地区和群体内，多数人决定意见后，少数人会选择沉默或者服从。

人是一个多面体

麻菜女士在来信中写道:"我的内心很脆弱。"可事实真的如此吗?人是如此单纯的生物吗?在日本原本是非常认生的性格,可是到了海外之后性情大变,就像换了个人似的,这样的例子比比皆是。也有人只是换了所学校或者公司,就变得和从前判若两人。当然,最基本的性格不会变,但大多数情况下,环境和想法会决定一个人的性格。麻菜女士知道"多面体"吧。多面体是指四个或四个以上多边形围成的立体图形。我认为,人的性格也像是个多面体。

不光人分为"积极的人"和"消极的人",同时不同的性格也有"积极的一面"和"消极的一面"。没有"拒绝的勇气"的性格的人具有胆怯的一面,同时也具有冷酷拒绝的一面。麻菜女士认为的"内心脆弱"的性格其实也只是众多性格中的一种。希望您能想到这一点。

活用"我不……"句式

如果认定自己的性格具有多面性,那么就试着改变自己展现出不同的一面。假设要展现出"主张自我的一面",就试着扮演一下这样的角色。

首先是从小事做起,从最容易成功的事情做起。

例如,如果便利店店员问您:"需要在您便当里放筷子吗?"这时,您不需要,可以干脆利落地表明自己的观点:"不需要。"

又如，结账的时候，店员推荐您办积分卡。这个时候，您不想办，也要坦荡地表明自己的想法："不需要。"

习惯了之后慢慢在各种场合都表明拒绝的意愿。窍门是，在表达里加入"谢谢"。如果说"谢谢，但是我不需要"，对方也不会觉得反感。如果再加上"我"这一主语，"我正在拒绝"的意识会逐渐提高。

"谢谢，但是我不……"的使用范围可以从小区的人慢慢扩大到家人和亲近的朋友。只要坚持下去，性格中"主张自我的一面"就会扎根在麻菜女士心中。

麻菜女士您知道吗？话语中蕴含着能打动人的力量。但最难被打动的其实是自己。人不能给自己贴标签，钻牛角尖。因此，可以尝试通过说"谢谢，但是我不……"，主张自我意识，摆脱困扰。并且不断练习，才能拥有"拒绝的勇气"。

从家附近的便利店或喜欢的咖啡店开始，展现"自我主张的一面"吧。

 熟练运用拒绝的说话模式

——【一生受用的"拒绝表达法"】——

麻菜女士,感谢您发过来的咖啡厅的照片。来信中提到,您已经慢慢能展现"自我主张的一面"了,我对此感到喜悦。

那么,这次讨论的是"不必苦苦思索也能拒绝的说话模式"。确实,每次都要思考"怎么说才能让对方明白呢?"或者"怎么说,对方才不会受伤和生气呢?"想必非常劳心劳神吧。

掌握"积积消积法则"

下面谈一谈拒绝的模式。

我向您推荐"积积消积法则",这个法则可以教我们如何在不伤害他人的情况下表达自己的意见。

"积"是积极,"消"是消极,"积积消积"指"积极、积极、消极、积极"。如果按照这个顺序表达,即使语气再严厉,也不会伤害对方的心灵。试着把这个法则应用于需要拒绝的场合。

例如,您现在要拒绝公司前辈的聚餐邀请。如果使用"积积消积法则",表达如下:

积:谢谢您!

积:非常开心您能邀请我。

消:但是,我有一个工作任务必须在今天完成。所以非常抱歉。

积:希望您下次再邀请我!

如果不想再次收到对方的邀请,只需把最后"积"部分的"希望下次再邀请我"换为"真的很高兴受到您的邀请"。请随机应变。

按"道歉—感谢—原因—代替方案"的顺序表达

还有一个语言模式同样适用于工作场合,比"积积消积法则"更实用。

假设,领导给忙得焦头烂额的您委派了一项新的工作任务。但工作内容您一点都不熟悉,所以没有余力和信心完成任务。这种情况可以按下面的思路清晰地传达出自己的想法:

道歉:对不起。这有点……

感谢:您能将任务委托给我,令我十分感激。

原因：我手头上正有一个工作项目，没有余力开展新工作。

代替方案：我4天后才有时间。在那之前恕我难以接受新的任务。

窍门是说完"这有点……"之后停顿"片刻"。一方面让对方觉得"啊，她要拒绝我啊"，另一方面让对方感觉您是深思熟虑之后才拒绝的。

另外，"我手头上正有一个工作项目"这一原因是外部原因（外在因素），"没有余力开展新工作"是自己的想法（内在因素），是主动拒绝。

或许表明"没有余力""没有信心"等内在因素很难，理想的状态是，一开始就表明自己爱莫能助而必须拒绝，然后再说出自己的想法。切勿着急。先记住话语模式，慢慢修改为适合自己的模式。

步骤 3　不要再逼迫自己

――【 不再介怀小事的方法 】――

麻菜女士，感谢您立刻回复了邮件。我很开心看到您说"运用了'积积消积法则'"。

那么，这次的问题是"拒绝对方后，如果对方生气并指责自己，应该如何保持平常心呢？"这的确是个难题。不过在如今的时代，人们因一点小事就可能被批判得体无完肤，被各界口诛笔伐，因此有必要考虑如何应对这一情况。

人生不过如此，且行且珍惜

大多数人在被指责或被谴责时，都会自责"都怪我说得不好"。可是这个思考方式是极其危险的。

自责的话说得越多，负面情绪就越强烈，从而使自己变得自暴自弃，说些丧气话："我知道了，都是我的不对行了吧""我不在就好了吧"等，在此之后不会对自己手下留情。若没有消解此种负面情绪的方法，便会把自己逼入绝境。

在我遭到恶意中伤和诽谤时，有一句话曾拯救了我。

"要するに、大したことじゃない（总而言之，没什么大不了的）。"

这是中国作家林语堂的一句名言，原句为："人生不过如此，且行且珍惜。"哲学家森本哲郎将其翻译为日语。

或许状况百出，或许思虑重重，将其全部归结为"总而言之"，毫无顾忌地说"没什么大不了的"。这句话曾多次开导过我。无论被整个社会抨击，还是收到癌症通知书，每次我都大喊"总而言之，没什么大不了的"，重拾粉碎的心，赋予自己继续前行的力量。

麻菜女士，运用话语打动他人固然重要，不过以此阻止自暴自弃的力量更不容小觑。

感到痛苦时，立刻告诉自己"没关系""不是什么大事""船到桥头自然直"，开始烦恼时，就大大方方地说"总而言之，没什么大不了的"。

取悦身心的话语

另外，当自己因被指责或批评感到痛苦时，应该说些什么鼓励自己呢？

当一个人痛苦时，不要说"反正我就这样了""我已经……"等消极的话，也不要强行安慰自己说"我很好""我的运气很好"等积极的话，这样的内容太虚无缥缈，不符合现实情况，而且会使情绪变得更加低落。

当一个人心神不宁、无法控制自己时，我推荐大声地说话以取悦自己的身心。例如，吃饭时说"好吃"，泡澡时说"好舒服"，钻进被窝说"好暖和"等。

表达出身体放松时的状态。把注意力集中在身体上，以取悦身体，并用语言表达出这种状态。

"表扬自己""增强自我认同感"并不是简简单单就能做到的。首先要爱惜自己的身体。

等稍微恢复了精气神，可以去户外、看视频、与朋友见面，将"很舒心""好搞笑""很开心"等状态用语言表达出来。这便是打动自我的话语力量。

总之，"拒绝"他人需要永不放弃地学习沟通。只要掌握了这一点，不只能提高沟通能力，您自身的人生也将发生翻天覆地的变化。

第15章 不被他人讨厌的话术

● 咨询者——**秋叶里美（29岁）**

秋叶女士就职于一家综合商社，她一直认为说话最好直截了当，因此十分讨厌拐弯抹角的表达方式。然而最近，下属说她"很凶"，领导也皱着眉头批评她"说话太苛刻"，甚至有人指责她"总是高高在上地训话"。她和外国人用英语对话从没被这么说过，可是和日本人说话时就会被指指点点，被指责"里美女士太强势了"。

秋叶女士因为"日本人太忌讳明确表达了，许多工作都无法顺利开展"而感到郁闷。但她仔细观察身边的情况，发现不知不觉间自己被公司撤出了大型项目。如果不改变留给他人的"刻薄印象"，她很可能会被孤立。

她想知道如何表达自己心中所想，同时又不会给人留下"刻薄印象"；如何直截了当地切入正题，又能让人感到和善友好。因此秋叶女士给宗像先生写了一封信寻求帮助。

步骤 1　暴露弱点，收获勇气

―――――【 不再被认为颐指气使的讲话方式 】―――――

　　里美女士，感谢您的来信。您的文章写得简洁明了，叙事方式也直截了当。

　　不过，被别人说"总是高高在上地训话"，着实不舒服吧。本意并非对他人颐指气使，可却被误解为在故意贬低对方。让我们来一起思考解决办法。

是否在自吹自擂

　　首先，让我们考虑"不再被认为颐指气使的讲话方式"。

　　您的来信中写道："日本人太忌讳明确表达了，因此许多工作都无法顺利开展。"这句话的言外之意是："我在国外生活过，在我看来（肯定个人经历），日本人的这一点不好（批评现状）。"

分析被认为"颐指气使"的讲话方式，可以发现其句子结构多是"肯定个人经历＋批评现状"。例如，上司说："我们年轻的时候，经常通宵工作（肯定个人经历），现在的年轻人工作上没有干劲（批评现状）。"

仔细观察，"肯定个人经历"部分听起来像吹嘘的话，这也是"被认为颐指气使"的根本原因。

在里美女士看来，谈出国经历被认为是自吹自擂，有点意外吧？可是，听完里美女士一席话会产生感想的人是听话者，而非里美女士。

大多数情况下，除了谈出国经历外，谈出生经历、学历、工作内容等听起来都是在自夸自大。因此，还是需要注意一下。

降低视线→暴露弱点

那么，应该采取什么措施呢？那就是"暴露弱点"。

告诉对方"我也有脆弱的一面""我有过非常惨痛的经历"等。将"肯定个人经历"改为"否定个人经历"，也就是刚开始时要谈"失败经历"而非"成功经历"。

您在信中提到："国外的朋友也经常对我说：'日本人太忌讳明确表达了'，令我很不甘心，因此想寻求迅速开展工作的方法。"有一件事，您不能忘记，那就是要以自己的话语"推动他人行动"。

既不能让对方感到您"高高在上",同时,还要让对方产生共鸣:"啊,里美女士也会失败啊。"

朝日电视台有一档十分火热的电视节目叫《失策老师》,节目内容是请一些艺人讲述自己的人生经历。有的艺人说自己成名后因傲慢无礼而跌下了神坛。

我们听艺人讲述自己的失败经历时,会不知不觉地产生共鸣,"原来这个人是因为经历过惨痛才变得这么强大"。暴露"脆弱"的一面,从而获得他人的"亲近感"和"信任感",可以体现一个人的强大。"刻薄的话语"仅是为了自我保护,而我们要将其变为真正的"有效的话语"。

请您关注自己的"弱点"。多数成功人士都将"弱点"当作武器。不要被"高高在上的感觉"所迷惑,请掌握能打动他人的方法,秘诀就是主动暴露自己的"弱点"。

请多回想自己的失败经历,那是拉近与他人距离的"种子",因此,请精心培育那颗"种子"。

步骤 2　说话前深思熟虑

【说话刻薄之人的共同点】

里美女士，感谢您的来信。您在信中提到："我感到很震惊，没想到自己说的话在别人听来是在自夸。"这句话很有您的风格，我欣赏您直来直去的说话方式。

那么，这次的问题是"如何说话，才不让对方感到刻薄"。我来为您解答。

说话是否情绪化

首先，"刻薄的话语"背后隐藏着"认为对方不如自己"的想法。如果不从根本上改变这一想法，仅改善口头表达是毫无意义的。

对话的基本要点是"尊敬对方"。

一位关系甚好的老师曾教导我,即使是与小孩子沟通也要把他视作拥有完整人格的人。因此,我们讲话时应尊重每一个人。若能清晰地意识到这一点,您的话语听起来会变得温和许多。

其次,是说话情绪化。以前我会说把"生气"说成"生了一肚子气"。当厌恶的情绪涌向心头,便会说"真让人火大",甚至还会说出"气炸了"这样的词。因为大脑只思考片刻便立刻做出反应表达怒意,所以开口前没有仔细斟酌,从而只表达了自己的情绪。

犹太人有一句谚语:"把自己说的话当作要渡的桥。"开口前需斟酌用语,产生这个意识后,猛烈抨击他人的势头便会减弱。

停顿片刻,发自内心地缓慢表达"思考后的话语"而非"感受到的话语"。

等待 4 秒,换一个人

2006 年,以难懂著称的《卡拉马佐夫兄弟》(陀思妥耶夫斯基著)在日本掀起一阵热潮。东京外国语大学校长龟山郁夫担任译者,他参考社交平台上的流行网络用语,将晦涩难懂的《卡拉马佐夫兄弟》翻译为通俗易懂的日语译本。

我当时从事公司内部报刊的编辑工作,因而有幸采访到龟山老师。那时,龟山老师说的一句话,令我印象深刻。

龟山老师巧妙地翻译出书中不同登场人物的语气,我向老师请教，书中俄罗斯东正教教会的佐西马长老语气神圣庄严，他的说话方式如何？龟山老师回答道："对于长老的说话方式，之前的译法普遍是'老朽''然则'。可是，若是满腹经纶、博古通今的人，譬如大江健三郎或吉田秀和，他们说话是极为温和的，可以说是偏女性化的。"

如果把愤怒、生气、焦躁、愤怒、恶心、厌恶等感受原原本本地表达出来，反而会招致别人的反感。或许有人认为这是"性格直爽"，可是如今在社会中生存离不开与人沟通，因此不得不说这是一种幼稚的表现。

在"感受到的话语"脱口而出前，哪怕只沉默4秒，说出的话、音调和柔和度都会有所不同。所以请注意感受两种表达方式的不同。

世界上最重要的是眼前的人。因此，处理好人际关系的第一要义是深思熟虑后同眼前的人对话。请您一定试一试。

步骤 3　添加委婉柔和的句尾

【 心平气和讲话的秘诀 】

里美女士，这次回信的速度非常快。您不仅工作利落，回信速度也令人赞叹。您在信中写道："心情焦躁的时候还要静待 4 秒，实在太折磨人了，有时愤怒反而会涌上心头。"是不是因为您憋住气，没法呼吸呢？

等待的 4 秒里，请您深呼吸。如果这样也无法遏制怒气，请抬头望向天空闭上双眼，放空大脑小憩一会儿。

那么，今天的问题是"如何让严厉的话语变得委婉柔和"。下面我将具体为您解答。

讲话时主观臆断等同于苛刻

首先,我想告诉您的是"将严厉的字眼放在句尾"。

"做……""快做……""应该做……""不能做……""必须是……"……无论前面说的内容是什么,只要句尾有指责或命令的词语,便会让人感到苛刻,因为话语的关键就在于句尾。

一位朋友告诉我,他年纪轻轻就当上了周刊杂志的主编,当时,他一直在琢磨如何处理邮件中句子的句尾。

他说话也颇为严厉,但最终把"请做……"处理为"可以做一下……吗"的疑问式句尾,内容相同,只是将命令语气变为了请求语气。另外,将已经决定过的事情"是……",特意改为"是……吧"。将确信语气改为确认语气。仅凭借这一改变,下属就会变得积极主动地回信了。

并且在句尾添加"很辛苦吧""加油啊"等,会使句子听起来更加委婉。当然如果太夸张,就会让别人发现自己的企图。然而,我认为言辞严厉的人需要学习这项技巧。

单方面地主观断定会让对方感觉苛刻,如"这是理所当然的""不对吧""那样不行""您说什么呢""请好好做"等。

我能明白这样说的原因,但这些话语大多掺杂了自己的主观想法。

即使自己认为"这是理所当然的",不过在对方看来却不应如此。这种情况下,不要逼迫他人去认为"这是理所当然的",而应添加自己的主观印象："在我看来，这是理所当然的。"如此一来，话语便不再显得刻薄了。请记住，讲话时主观臆断等同于苛刻。

"您刚才的话让我有些受伤"

下面教给您如何在最后关头给对方施加压力。

向对方宣告，他刚才的话让我产生了什么样的感觉。例如，"您刚才的话让我有些受伤""您刚才的说法让我很震惊""我没想到您会这么想，我有点吃惊"等等。

听到这些，对方不会说"怎么会让你受伤，太奇怪了""感到吃惊？也太大惊小怪了"。因为我们无法否定或改变他人的感觉。人们只会反省自己的话如何伤害到了对方。即使不反省，也会考虑"不能再这么说下去了"。

总之说话要冷静。审视自身的情绪，用冷静的语气说："我向您报告，我因为您刚才的话受到了伤害。"对方也会相应冷静下来。

向对方传递强硬的想法时，试着把当下的情绪转化为语言，如"我很难过""难以置信"等。这样，双方交谈时一定能保持较好的氛围。

专栏
宗像洋一郎的协商术

演讲稿撰写的工作内容，不仅仅是撰写打动听众的文章，站在委托人的立场，为其排忧解难也是重要的工作内容之一。为了缓解客户郁闷的心情和烦恼，必须在合适的时机提出疑问，然后给予建议。我要一边回应客户一边总结自己的想法。这一过程要持续好几个小时。

除此以外，我还在企业、政府、大学、中小学讲授语言的相关知识，越来越多的人向我寻求意见，希望我帮他们解答疑惑。例如，政治家会问"要在下届选举中呼吁什么"，照顾孩子的母亲会问"孩子吃饭太慢，午饭时间根本不够怎么办"等。这些疑惑没有优劣之分。为了帮助他们摆脱烦恼，我竭尽所能地给予建议。

虽然多数情况下，我无法做到尽善尽美，但想在合适的时机提出合适的见解为他们排忧解难。

解答疑惑的基本模式

心理学家阿德勒提出一个解答疑惑的观点值得借鉴。他提倡"赋予勇气"，就是给予自己解决问题的勇气。我的建议并不能解决一切。如果自己没有解决问题的勇气，最终只能依赖他人，这样就会变成依赖性人格。

因此我借鉴阿德勒的观点，将"赋予勇气"的过程设定为一种模式。其顺序为共情→包容→提议→鼓励。

首先是"共情"。简单来说，就是感同身受，让对方感到您懂他的心情。不管对方地位多高都不要谄媚讨好，即使是小孩子也不能趾高气扬。共情对方的烦恼，与对方产生共鸣。

其次是"包容"。不只是单纯地接纳，更要搜寻自己相似的经历及心情，"其实我也经历过这种事"，回想和对方相同的烦恼和经历，沉浸在当时的心境中。当然不可能和咨询者的经历完全一致。不过我们经历过多次以下的情况：别人对自己说"你说话太随意了，完全摸不到头脑"，或者多次提交策划案都无法通过。回想当时的情景，认真思考当时是如何摆脱危机的。

然后是"提议"。努力回想自己过去度过类似危机的经验；痛苦时别人安慰鼓励自己的话语；亲手实践书本上的技术后成功的经历……然后向咨询者提出具体的行动方案。提出的建议不需要太具体，而只需让对方产生"不如尝试做一下"的想法。教给他们"即使失败也不会感到痛苦"的诀窍和技巧即可。

最后是"鼓励"。注意避免采取强加于人或者颐指气使的态度。鼓励他们想象顺利成功后的样子。

我懂您的心情（共情）；

也经历过这种事（包容）；

要不要先从这样的事做起（提议）；

如果一切顺利，您的世界将春暖花开（鼓励）。

我们应按照以上4个步骤为对方消解烦恼。

当然，本书呈现的回复并非按照这个模式来回答的。根据本书的特点，内含大量"提议"的内容。不过，虽然书信及邮件里未涉及，但整体咨询模式都是先与对方共情，给予包容后再提出建议，最后再加上一行或更多鼓励的话语。所有的回信都是按照这个模式书写的。

至关重要的是，要把所有书信和邮件都当作情书。解答疑惑是"精神层面的肌肤接触"，因此选择成为一名咨询者需要做充分的心理准备。尽管这很难，但这是我能想到的最好的方式。

第 16 章

与下属相处的三大铁则

● 咨询者——**熊野夏彦（44 岁）**

熊野先生是一家装修公司的销售部部长，手下管着 13 名员工。

"中间段年龄的员工都辞职了，现在员工的年龄全都比我小一轮。我不知道如何和他们沟通交流。部门里安静得吓人，不管问什么他们都只会回答'可以的'。我真是不明白到底哪里是'可以的'"。

熊野先生仅有的愿望是：想和员工好好地沟通交流。

"环顾公司，有的领导和我差不多大，却和年龄小的员工相处得很愉快。我也学习现在年轻人喜欢的东西，也阅读过交流类的书籍，可实践时便会退缩。会议大部分时间都在阅读他们发来的邮件。我已经陷入无法相信人的困境。"熊野先生目前郁郁寡欢，因此向宗像先生咨询如何与年轻人相处。

步骤 1 把伙伴意识放在一边

―――――― 【与员工的沟通之道】 ――――――

　　夏彦先生，您表示"不知道如何与比自己年龄小一轮的员工沟通，希望学会与他们交流相处的方法"，想来您十分煎熬。不过，我看了您的信后觉得是不是有些多虑了呢？
　　其实您不需要去迎合对方。

不必勉强使用年轻人的用语

　　目前我在大学教书，和学生之间也有相当大的年龄差距。在和他们交流的过程中，我勉强自己说了年轻人的用语"やばい"（中文含义：不得了），学生们是这么回答我的：
　　"我们不明白您说的'やばい'是什么意思。'やばい'一词的发音音调不同，意思也有所不同。有时候'やばい'是'好吃'的意思。可是用'やばい'表示好吃与单纯地说'好吃'两者语感不同。自己认为好吃时感叹'好吃'。因为自己觉得美味，极力向对方推荐的时候说'やばい'。而'やばい，好搞笑'又是另一种瞧不起对方的说法。"

根据学生的回答可以推测出员工对您说"可以的"是否定的含义，其意思是"不要管我"。

双方的关系越亲密，交流所需要的语境要求越高。沟通畅通无阻的前提是环境相近，因此"心领神会"尤为重要。

因此，努力学习尝试和他们交流，成为其中的一员，全是无用功。他们不会承认我们是"朋友"。所以也不必勉强自己加入他们。

切莫摆出一副领导姿态

我有一条与学生或年轻人相处的法则，即"不涉及个人隐私"。不谈个人成长经历和生活环境，也不谈性格和人格，以此划定界限。

"领导"总是无意识地教育员工，关心他们的生活，总想着像以前一样和他们成为朋友。一旦持有这种想法，一定会脱离公务干涉对方的隐私。然而如今许多年轻人厌恶这种关心。

从前，公司的人际往来往往会占据一个人大部分的生活时间。

然而如今，人们在网络虚拟世界建立人脉，形成多样的交流社群，甚至公司的职员也理所当然地从事着副业。对现代人来说，公司的人际往来仅仅是生活中的一小部分。

他们身边有可以倾诉烦恼的好友，有可以举杯畅饮的酒友。多数年轻人认为公司只是提升技能赚钱的地方，他们不愿被过度窥探隐私，讨厌领导"我连那家伙的这种事都知道"的样子。因此，切莫摆出一副领导姿态。

可以多和年轻人谈工作上的事、谈如何提升技能以及公司的组织结构等。至于个人隐私，除非对方主动讲述，切记不要主动过问。当然更不允许对下属实施权力骚扰和性骚扰。请您务必牢记这一点。

 # 抑制住试图打听的欲望

———————【让别人听进去的会议话术】———————

　　敬复。您的来信中有一句话:"有时过于在意对方,不自觉地就打听对方的隐私。"这是无可奈何的事啊。

　　因为夏彦先生年轻时,下了班和领导去喝酒谈一些私人的事,以此为纽带加强人际关系,都是顺理成章的。尽管无法断言如今不存在这种人,但确实很稀少。

　　那么这次的问题是"早会或定期会议的开场白应该说些什么,才能让年轻人听进去"。您的想法我大致了解了,那么谈论这件事之前首先明确别人不想听的是什么。

好汉不提当年勇

首先是放弃自吹自擂。回顾往昔的辉煌历史，克服了无数的艰难险阻等，身为领导，一定会认为这些经验值得下属参考并大说特说。然而，随着智能手机的出现，人们的工作和生活方式发生了翻天覆地的变化。此前的成功经验并不如想象般对员工有巨大的参考价值。

其次是杜绝自说自话。人是一种极其喜欢倾诉的生物。讲述自己的故事，以此展示自己开朗外向的性格，不过这不适用于职场。

开始说这类话时，请提醒自己："这些话对方最少听过3遍了。"然后立刻收敛。无论是"自吹自擂"还是"自说自话"，总之切忌谈论自己的过去。

若要谈论过去，就谈"失败经历"才更有益于对方。

自己的话语是赠予对方的礼物

接下来，我向您传达一些如何讲述早会和定期会议的开场白，才能让对方立刻产生"试试看"想法的诀窍。例如，"说服他人时，温柔地低语，语气7分强硬、3分示弱""即使怒不可遏，也不要咚咚地敲桌子，制造噪声。声音太大会让对方感到不悦""听说海明威是站着写书的。如果我们的工作效率下降，也可以试着站着办公""特蕾莎修女也有讨厌的人。不过据说她每次都会微笑着面对讨厌的人"。

收集多个诸如此类的开场白,并做好随时开口的准备。配合TPO,向员工提供当下最有用的信息。

话语是赠予对方的礼物。因此,我们应添加下属认为"有收获"的内容,从而成功打动他们。

# 令脑海浮现情景的话语

——【说话招人喜欢的秘诀】——

夏彦先生,您在来信中提问:"讲一些高深的内容会不会听起来像炫耀自己知识渊博呢?"现实的确如此,因此说话时要讲究技巧。

切勿采取"今天我来教给你这个技术"的态度,要和员工站在同一立场,装作最近才听说的样子表示:"我之前也不知道,最近才听说这项技术,似乎值得一用。"

这次的问题是"有哪些吸引他人的讲话方式"。接下来向您介绍两个方法。

学习"怪谈"

第一个方法是学习"怪谈"。接下来向您介绍一个发生在江户

（现东京）的故事《番町皿屋敷》。

"江户的一座府邸中，有一位侍女名为阿菊，相貌美丽动人。府邸的主人和夫人两个人既吝啬又冷血，而且夫人知道自己的丈夫垂涎于年轻美貌的阿菊。有一天，阿菊打碎了10个传家宝花盘中的一个盘子，她就被抓住了把柄。于是，夫人用力地拽着阿菊的头发把她拖来拖去。对阿菊心怀不轨的主人对于传家宝被打碎一事耿耿于怀，切掉了阿菊的中指。遍体鳞伤、痛不欲生的阿菊被逼得无路可走，只得跳进了古井里。从那以后，每晚都能听到井底传来毛骨悚然的声音：'一个，两个，三个……九个，我恨呐'。"

怪谈最大的特点是，用仿佛亲眼看见过的口吻，生动地描绘场景和人物的表情，将恐怖的氛围推向高潮。其结构和表现力巧妙绝伦，引人入胜。人们一旦听了怪谈，便会忍不住发问"接下来发生什么了？"

第二个方法是学习"落语（日本的单口相声）"。开端以引子将听众引入落语的世界，突然一下切进故事正文，最后以让人拍手叫绝的结尾结束整个表演。正是"引子—故事正文—结尾"的叙述方式，才引起了每一个日本人的共鸣。

夏目漱石就极其喜欢落语，并将落语的叙述方式高明地运用到了小说中。

代入情景和对话

接下来举一个将"怪谈"的讲述方式应用到日常对话的例子。关键在于"情景和对话"。

例如,您要告诉员工你们赢得了竞标,可以说:"今天早上我去了山崎电器公司。负责人小野田来到门口,笑眯眯地边握手边对我说:'今天还要请您多多关照了!说实话,公司内部也有意见倾向于选择其他公司,不过最后还是您家公司的呼声最高。'正式宣布结果前,我从小野田那里听到这么一番话,我深切地感受到了小野田急切告知我消息的心情。感谢每一位员工,恭喜各位,这是属于我们的胜利。"

以上通过引用小野田在门口说的话,告诉员工们竞标成功。而如果只告诉员工:"赢啦,谢谢各位。"那么两种讲述方式给听者带来的感受是完全不同的。

若想云淡风轻地传达已知的信息,邮件便足矣。然而,身为领导者传达信息的同时也要提高员工的积极性。因此推荐您从"怪谈"中学习讲述方法,让人脑海中浮现对应的情景,并仿佛置身于那个场景,从而迫不及待地往下听。这样,看似毫不在意的员工慢慢地也会表露出真实的想法。

第17章

有效激励，提高对方的自我认同感

● 咨询者——**水波薰（35岁）**

水波女士是一名私立初中的教师，负责管理初二的学生。原以为学校整体水平较高，学生们肯定也都自信满满，可是水波女士却表示："恰恰相反。正因为周围的人都非常优秀，许多学生的自我认同感都很低，总是烦恼自己不如他人。大多数孩子既乖巧又听话，可是总因为一些小事而感到失落挫败。我应该如何鼓励这些孩子们呢……"

水波女士想成为一名值得学生信任的老师，所以经常参加以鼓励学生为主题的研讨会。但是，学生们却格外抵触，他们说不想成为老师的实验品。

孩子们正处于"中二病"的年龄段，难以教育。不，不只是这个年龄段的学生，如今日本人普遍自我认同感较低，嘴上说着"反正我……"，做事容易放弃。应该对他们说些什么好呢？长久以来，宗像先生鼓励了许多学生和社会人士，因此水波女士向宗像先生请教鼓励他人的秘诀。

步骤 1 改为提升自我价值感的搭话方式

——————【提高自我认同感的方法】——————

小薰女士,感谢您的来信。您的字舒展大方,极有教师的风格特点。点缀着与季节相称的红叶信纸也很漂亮。

这次探讨的是"提高自我认同感的话术"。

"自我认同感"一词诞生于20世纪90年代中期。泡沫经济崩溃后,"裁员"一词流行,就在这时出现了一句积极肯定自我存在的评价——"做自己也没关系。"

但是,这句评价常与"自我认同感低"这一负面词汇组合使用。人们会认为"我不如其他人,我是个没用的人""找不到活着的价值"。正是因为这句话说起来太过容易,所以迅速在日本流行,导致许多人无法确认自己的存在价值。平成三十年(1989—2019)间,大多数日本人的自我认同感都较低。

"帮大忙了"事后起大作用

应该对这些"自我认同感低"的人说些什么呢？应说"帮大忙了"这句话。

我听说过这么一件事。一个正在上小学的男孩子心思细腻、缺乏自信、自我认同感低，因此，他的妈妈十分担心他的状态。

有一天，男孩的妈妈在剥柿子皮，男孩目不转睛地盯着她的动作，不知不觉间也学会了剥柿子皮。"原以为他不会帮我，可是不知道那天怎么了，他自己就剥起来了，动作又利落真是让我吃了一惊。"

男孩的妈妈忍不住说："你剥得太好了！帮大忙了！"结果，您知道后来发生什么了吗？第二天，男孩主动地剥起柿子皮，而且还学会了牛油果的剥法。

重点不在于男孩的妈妈说"你剥得太好了"，而在于"帮大忙了"这句话。"你剥得太好了"是一句评价他人的话，本意是"妈妈承认你剥柿子皮很厉害"，却不是表扬的话。

好就好在"帮大忙了"这一句话。"自我认同感"是由他人的正面评价决定自己的价值，而这句话恰好满足了孩子的心理："啊，原来我也能帮助到别人啊！"

对方具体帮了什么忙

个人的见解是，根本不存在可以立刻提高"自我认同感"的简单话语。

我们越是鼓励对方"你一定没问题"，对方越是躲避，认为我们明明什么都不知道还信口开河。根本不存在通用的话术。

但是，小薰女士作为老师应该能轻而易举地做到这件事。例如，当学生帮助了他人时，郑重地宣布："因为××君帮我们做了……，所以大家就不用做……了。"明确说出那位学生帮助了谁，怎么帮助的，最后对学生表示感谢："帮大忙了，谢谢你。"我认为这种方法能调动学生的积极性，提高学生的自我认同感。

这个年龄段的孩子难以教育，想来您十分辛苦，但还是希望您教导他们"帮助别人"。

步骤2　别说不爱听到的话

【不可说的激励话语】

小薰女士，感谢您的来信。书信墨水的颜色实在是太漂亮了，如绿苔般苍翠欲滴，浓淡相宜，从颜色上就能看出您的好心情。

您在信中提到自己开始频繁地使用"帮大忙了！谢谢您"这句话。不愧是您，一点就通。

那么，这次的问题是"有什么激励人的话是绝不能说的"。这个问题有些难。因为不同场景下，话语的意义不尽相同。不过据我的亲身经历发现确实有些激励话语会伤害到他人。

最糟糕的两种激励方式

我患肾癌的时候，对我说"反正肾有两个，你很幸运啦"的人多到离谱。

他们的本意是想安慰我,不过,"有一个肾能用就够了"这句话从四肢健全、活蹦乱跳的人嘴里说出来,总让人觉得讨厌。"能……就太好了"的鼓励方式无法贴近他人的内心。

"加油"同样不适用于激励他人。倘若有努力的余地倒也罢了,然而,大多数情况下,人们竭尽全力最终却陷入不知所措的境地。

近来,有人对我说,"加油"一词伤害了许多人。每次感到痛苦时,却总有人轻飘飘地来一句"加油",感觉一点儿也不细致体贴。

"有什么困难之处吗?"

反之,什么激励的话语能让人开心呢?

我生病期间,一个男同事过来探望我。他没跟我打招呼,只是笑呵呵地站在病房,突然间说了句:"有什么困难之处吗?"那时,我恰好因为水喝光了正在犯愁。他得知此事后,说了句"这样啊",然后就走出了病房。

过了一会儿,他提着便利店的袋子,满面笑容地说:"来,给你。"同时把装着水的袋子递给了我。虽然探望时间不长,我也完全不记得谈了些什么,但"他真是个不错的家伙"的印象却深深地留在了我的脑海中。

这位男同事一连串的动作似乎就涵盖了所有激励的话语,例如:"我是你的伙伴""快点好起来吧,我等着你"……这才是"激励",不是吗?

以上是我基于自身经历对于"激励话语"的看法。但是,若想激励一个人,话语的力量只占10%,剩下的90%是行动,为其分担烦恼。一起说话,一起吃饭,一起陪伴便是"激励"。

作家海明威曾说"每一天都是一个新的日子"。无论夜晚多么黑暗,太阳照旧高高升起。"激励他人"不需要说得多么天花乱坠,只需要陪伴对方度过漫长的黑夜。

您今后或许会很艰辛,但必定是一位与黑夜同在的专业人士。小薰女士,希望您成为一名优秀的教师。

 告诉学生"我们是朋友"

——————【亲近学生的方法】——————

小薰女士,您在来信中提到"激励别人时不自觉地就会说'能……太好了'",这也无可厚非。我也是生病后才注意到这件事的。任何事只有亲身体验后才能有所领悟。

那么,今天探讨的是"鼓励他人时的注意事项"。这次我也基于自身的经历来谈一谈。

我们不是朋友嘛,没什么好顾虑的

有一段时间,我经历了失败后精神状况一落千丈。半边身体不出汗,胃里没东西却止不住地想吐,恐惧和不安逐渐侵蚀了我的身心。

就在那时，我收到了某个大学的系主任的短信：见面吧。一切都合情合理，但说实话我感到很沉重。不过如果继续一个人待下去，我不知道自己会做出什么事。因此为了避免这种情况，我决定外出去见他。

老师一开口就说："无论什么事尽管说给我听，我们不是朋友嘛，没什么好顾虑的。"

"朋友"一词让我感到十分新鲜。一直以来我只敢把他看作博学多识的老师。因此，聊天时顾忌到他的身份，有些事也会闭口不谈，即使示弱叫苦也不敢全部倾诉出来。

然而，老师说："和身边的朋友交谈，和信任的友人倾诉，其实话语具有无比强大的力量。这股力量能将沉没于海底的身体托举至水面，届时海面一定能展现出奇妙绝伦的风景。"

听到这些，我一口气将心中积攒的那些苦处倾诉了出来。尽管过程无比艰难，但我切实地感受到，倾诉之后的身体变得无比轻盈，慢慢地心情也不再感到那么压抑。

激励的对象是朋友

您可以明白吗？我想重点传达给您的是"朋友"一词。

激励他人时，首先要舍弃一切，成为对方值得信赖的朋友。不论头衔，不论身份，不管是上司、老师、学生还是父母，不论性别和年龄，不论来往的时间长短，首先成为对方的朋友。

舍弃自己的身份、想法、心情和现状。运用话语的力量，帮助对方解脱于困境。

自这件事以来，我学会了站在朋友的立场与每一个人相处。无论对方是客户还是上司，是男人还是女人，是老人还是小孩。

小薰女士于学生而言是老师，然而，若站在老师的立场便无法与学生无话不谈。因此，请您告诉学生"我们是朋友"。

希望您成为值得学生信赖的朋友。

第18章 成为可靠领导者的三大秘诀

● 咨询者——**牟礼桃子（20岁）**

牟礼女士是一名东京的在读大学生。她身兼多职，担任研讨组的组长、宣传委员的副组长还有秋季文化节的负责人，每天忙得不可开交。

牟礼女士性格直率，敢于表达意见，所以总是被大家推举为领头人。不过，牟礼女士却说："我无法推动会议顺利进行，也无法统一所有人的意见。不管结论是什么总是有人抱怨，而且开会时所有人都沉默不语，一言不发，这让我很苦恼。"

学生时代难得担当要职，可以大展身手，因此她想成为优秀的领导者，推动会议顺利进行。她希望提高开会的质量，创造具有建设性的讨论氛围，让行动力低的成员也振作起来。

大学生的经验不足，她又尚不了解商务方面的应对措施，再加上马上就要找工作，所以她向宗像先生寻求建议，希望得知如何在会议中发挥领导力。

步骤 1　让参会成员踊跃发言

——— 【 整合分歧意见的方法 】 ———

　　桃子女士，许久不见。感谢您前几天邀请我参加"宣传委员"的研讨会，那时完全看不出您因"缺乏组织会议的能力"而烦恼。

　　那么，今天的问题是"如何整合分歧意见"。

用自己的声音斥责自己

　　如今的社会蔓延着"二元对立"的风气，即煽动矛盾与对立，故意树敌。人们通过攻击排斥敌人拉拢盟友成为胜者，然后肆意地做想做的事。然而，这种做法根本行不通。因为无论我们怎么努力，总有至少一半的人心存不满。

　　桃子女士所在的委员会目前也存在着二元对立的情况吧？为

了摆脱这种情况,桃子女士作为委员长应该如何推行会议呢?

先说结论,即"领导者不说话",让成员尽情说话,尽兴探讨。

一位关系较好的建筑公司董事长曾对我说了这么一段话:"真言宗中村公隆·大阿阇梨的书中写道,每个人都有'佛性'。如果一直烦恼,一直无法领悟,便看不到这一本质。但是,如果一个人说话,不停地说,不停地倾听自己的声音,声音便会再次回响在脑海里。不断重复这样的过程,心中的'佛性'便会觉醒,人便能找到解决方案。"

总而言之,如果人们一直说一直倾听自己的声音,便会意识到"有矛盾""有缺点",坚持听下去,就能找到问题的答案。

桃子女士不妨也试着应用一下这个技巧,让参加会议的成员尽情地发表意见。会议进行到一半,也不明确地表示支持某个人,不评判他们的说话内容,不偏向任何一个人。以这种态度倾听双方的意见。

让双方一直讨论,直到彼此都意识到"我的意见或许听起来很自大"为止。

"你刚才说的是……吧?"

不过还没有结束。我的建议是:运用"你刚才说的是……吧"的句型,掷地有声地用简短精练的话总结对方的意见。如果一个人的意见被他人完美地整理并表述出来，那么他就只能点头表示赞同。这便是身为领导者的威严。

不干涉对方讲话的能力及简明扼要地总结对方意见的能力是成为领导者的条件。领导者要处于中立的立场，并有条不紊地引导每一位成员。

只会自说自话的人无法成为领导者。所谓领导者应该不偏向任何一个主张，而是让成员主动意识到自身的矛盾与偏见。

摸索所有人都认为"刚刚好"的答案

【反对者应对法】

桃子女士，您在信中说到："我光顾着思考如何应对不同的场面，如何说服成员们，如何单方面地表达了。"这固然重要，不过请不要忘记，领导者必须兼备推动会议进展的能力和协调会议的能力。

那么，这次的问题是"如何应对反对者"，这真是个难题啊。

有"正确答案"的问题可以轻松地交给人工智能解决，而需要人解决的问题全都既无法全盘肯定也无法全盘否定。您也感受到了吧。无论是政治、经济、教育还是生活方式都不存在唯一的正确答案。

我们必须认识到，在当今社会，我们必须和"意见不合的人一起生活"。因此，人们追求的并不是一个正确答案，而是让更多人理解的答案。

通过大学的进修课程，桃子女士应该能理解这一点吧。

为此，领导者应该采取什么样的态度呢？

不刻意区分正反，寻求解决方案

不需要考虑得太复杂，只需要考虑并寻找出"对每一个人来说都是'刚刚好'的答案"。

为了找到这一答案，必须舍弃"肯定意见与反对意见谁胜谁负"的观念。不是少数服从多数，而是所有人共同寻求"刚刚好"的方案。

接下来向您推荐哲学家黑格尔提倡的"辩证法"。无须考虑得太复杂。

讨论一个问题时，说出肯定和否定的原因。不要通过多数人的态度决定哪一方的意见正确，要脱离肯定方和反对方互相对立的立场，思考"对所有人来说最合适的方案"。把思考的层次提高一个维度。

我在小学三年级的时候学到了这种方法。

班里计划的郊游因为一场毛毛细雨被取消了。班上的同学持有两种不同的意见，一种认为"应该去郊游"，而另一种认为"不用去郊游真是太好了"。那时，老师让我们把持有两种意见的原因都说出来。

每个人的原因各不相同。有人说"如果下着小雨还去郊游,坐下吃便当的时候,屁股会湿",还有人说"下周的天气也不一定会放晴"。等所有人陈述完意见后,老师问:"现在应该怎么办才好呢?"这时思考的层次提高了一个维度。最终,老师提出"今天吃饭时,大家带着郊游的心情随便坐、尽情吃"的建议。我认为这次辩论非常有趣,从此也将辩证法作为思考的基础方法。

我们必须与持有不同意见的人共同生存,因此不能凭借多数人的想法去决定正确答案,而应该运用"辩证法"寻求对所有人来说"刚刚好"的方案。希望您也掌握这种思维方法。

步骤 3 成为具有决断力的领导

【 得出结论所需的能力 】

桃子女士，感谢您的来信。来信里写道："我了解到寻求所有人都认为'刚刚好'答案的重要性。不过，开会时必须得出一个结论。请您教给我总结所有意见得出结论的方法。"确实如此啊，即使没有"正确答案"，也必须得出"所有人都认为'刚刚好'的结论"。

这次谈一谈"领导者该如何得出结论"。

说话随便的人无法得出结论

我们身边的确有"说话随便"的人。为什么会感觉"随便"呢？原因有两个。

第一个原因是"没有责任感"。这些人认为不必为自己的话负任何责任，所以肆无忌惮地想说什么就说什么。

第二个原因是"没有知识和经验"。如果没有相应的知识和经验，人们只能根据自己的喜恶、当下的氛围和心情谈论事情。

不能"随便说话"，必须对得出的结论负责任。总而言之，得出"结论"时必须做到以下两点。

①对得出的结论负责。

②有充足的知识和经验做支撑。

倘若结论的责任不明确，或者没有充足的知识和经验做支撑，只能被称作是"报告"。桃子女士作为会议的领导者，若要得出结论，请务必做到以上两点。

领导者应有的姿态

总结出结论的人想必压力非常大，因为有时会引起别人的反感。那么，得出结论的领导者需要具备什么能力呢？

第一点是"胆识"。胆识一词由"胆量"和"知识"构成。

"胆量"指"面对任何事不畏惧、不胆怯的魄力"。领导者除了有知识外，还必须兼备胆量。具有胆识才能对话语负责。

第二点是"震慑力"。平时可以和成员嬉笑打闹，但一旦遇上大事，就必须充满气势和震慑力，且要时刻保持这种力量。总而言之要向对方传达"别小看我"的信息。

桃子女士，以往的常识大概不再适用于如今的社会了。因此，无论遇上什么问题，不要急于寻求"正确答案"，而应寻求当下的最优解。

请记住"我们要与持有不同意见的人共同生存"，希望您成为具备"胆识"和"震慑力"的人，引导成员得出结论。我会一直支持您。

结语

2020年4月7日,为了防止新冠疫情进一步扩散,日本政府发布了"紧急事态宣言"。同月月底,我从长年任职的博报堂辞职,感到十分焦虑。

刚离开熟悉的工作岗位,预计举办到年末的讲座和演讲也逐一被迫取消。

压力接踵而来,焦虑等积压于身,令我最终患上了带状疱疹。我忍受着疾病带来的疼痛,每天都在茫然地思考"接下来我会变成什么样"。

本书是从那个时期着手写的。新冠疫情下,话语让人们跨越了语言的障碍,让整个世界重拾勇气和友爱之情。我在一旁静观默察并为各种各样的人排忧解难。

我在动笔时,得到了多方助力。

感谢大和书房的三轮谦郎多次与我讨论内容,不遗余力地为我指引方向。感谢博报堂顾问立谷光太郎，一起在松山游玩的时光十分快乐。

感谢小林祥晃，助我开辟出作家的道路。这是我写的第 15 本书了，实在感激不尽。

感谢明治大学文学部的太田光咲女士一直为我提供年轻人的信息。

新冠疫情给所有人都带来了冲击，尤其是老年人。我的母亲今年已经 89 岁高龄，每天只能在养老院里面活动，行动被限制无法外出。可是母亲没有一句怨言，在电话里对我说"能住在这里，我就感到很幸福了。"

母亲总能说出"激励人的话语"，在母亲的激励下，我迈向了下一个舞台。

最重要的是，向读到本书最后一页的您表示诚挚的谢意。

我落笔之时，祈祷有一天能与您相见，面对面地交谈。

感谢您。

蟇田吉昭

出 品 人：许　永
出版统筹：海　云
责任编辑：许宗华
　　　　　　马　燕
特邀编辑：王佩佩
封面设计：墨　非
插 画 师：Lemon Who
印制总监：蒋　波
发行总监：田峰峥

发　　行：北京创美汇品图书有限公司
发行热线：010-59799930
投稿信箱：cmsdbj@163.com

官方微博

微信公众号